KiWi
PAPERBACK
1096

Das Buch

Mit der Entmachtung der Taliban und der planlosen Vernichtung des Saddam-Regimes hat Amerika den Iran von seinen gefährlichsten Feinden befreit. Das relative Gleichgewicht der Kräfte in der Region ist zerstört. Der Iran ist zur einflussreichsten Macht von der Levante bis zum Golf aufgestiegen. Die Aussicht auf eine Atommacht Iran alarmiert nicht nur Israel und die USA. Auch die arabischen Regimes sind beunruhigt.

Wo ist der Ausweg aus der verfahrenen Lage? Angesichts des militärischen Engagements im Irak und in Afghanistan ist Amerika nicht imstande, dem Nahen Osten eine neue Ordnung durch kriegerische Mittel aufzuzwingen. Stattdessen müssten die USA und Europa mit allen regionalen Mächten arbeiten, die bereit sind, ein »Gleichgewicht der Kräfte« in der Region wiederherzustellen. An einem Dialog mit dem Iran führt kein Weg vorbei. Ein Krieg gegen die Mullahs würde die Lage katastrophal verschlechtern, ohne auf Dauer dem Iran die Bombe verwehren zu können. Für alle einander berührenden Problemkreise – Iran; Irak; Israel/Palästina und Libanon/Syrien – gilt: Amerika müsste einen neuen Politikansatz finden. Mehr ernsthafte Diplomatie, weniger Konfrontation. Einige Probleme können durch eine kluge Politik gemildert oder gelöst werden. Andere aber, wie die Islamisierung der Politik, werden die Krisenregion auf Jahre hinaus prägen – so sieht die Realität des neuen Nahen Ostens aus, für die der Westen mitverantwortlich ist.

Der Autor

Marcel Pott, Jahrgang 1946, studierte Geschichte, Politik und Rechtswissenschaft. Nach einem Praktikum beim UN-Generalsekretariat in New York praktizierte er als Anwalt in Paris und Köln. 1982 berichtete er für die ARD aus Beirut über die israelische Invasion des Libanon. 1983 bis 1992 war er Leiter des ARD-Hörfunkstudios in Beirut und Amman, 1992 bis 1997 leitender Redakteur im ARD-Fernsehstudio Bonn. Neben seiner Berichterstattung für Hörfunk und Fernsehen schrieb er regelmäßig für »Die Zeit«, »Die Weltwoche« sowie für eine Reihe von deutschen und Schweizer Tageszeitungen. Buchveröffentlichungen: »Beirut – Zwischen Kreuz und Koran«, 1985; »Allahs falsche Propheten«, 1999; »Der Nahost-Konflikt. Schuld und Sühne im gelobten Land – Israels Sonderrolle im Schutz der westlichen Welt«, 2002/2004.

MARCEL POTT

DER WESTEN IN DER ISLAMISCHEN FALLE

VON JERUSALEM BIS TEHERAN: DER NEUE NAHE OSTEN

Kiepenheuer & Witsch

1. Auflage 2009

Umschlaggestaltung: Barbara Thoben, Köln
Gesetzt aus der Sabon und der Helvetica
Satz: Buch-Werkstatt GmbH, Bad Aibling
Druck und Bindung: CPI – Clausen & Bosse, Leck
ISBN 978-3-462-03754-8

Inhalt

Einführung 9
Das Gefühl der Erniedrigung 12
Die tiefe Krise der arabisch-islamischen Welt 17
Der Export von Demokratie, Freiheit und Markt 19

Der *neue* Nahe Osten 24
»Nieder mit den Persern« 26
Die fünfte Kolonne der Mullahs 28
Die Wiederkehr der Golfstaaten 31
Roadmap für Obama 40
Realismus in Beirut 42

Eine Region in Unordnung 48
Wer führt die arabische Welt? 50
Al-Qaida und die Dschihadisten 53
Die komplexe Wirklichkeit 56

Amerika und die Konfliktfelder der Region 61
Die Palästinafrage 64
Schlüsselfrage Siedlungspolitik 70
Das Leid in Gaza 78
Der Gazakrieg und die Folgen 82
Scharia oder Hudna – der Weg der Hamas 87

Der Irak und der steinige Weg in eine bessere Zukunft 96
Der verlorene Mittelstand 97
Die Söhne des Irak 101

Die Brisanz der Kurdenfrage 105
Ankara und die Kurden 109

Der Iran, Amerika und die Bombe 112
Islamische Theokratie mit demokratischen Elementen 121
Außenpolitische Lockerungsübungen 132
Eine neue Schachpartie zwischen Washington und Teheran 135
Nukleare Geheimniskrämerei 139

Syrien und der Frieden im Nahen Osten 144
Juniorpartner des Iran 145

Die Rivalen am Golf und die islamische Zukunft der Region 152
Saudi-Arabien und die wahhabitische Hasskultur 159
Die Suche nach einem Islam für das 21. Jahrhundert 164

Die islamische Falle 167

Anmerkungen 173

Einführung

Das erste Jahrzehnt des 21. Jahrhunderts neigt sich dem Ende zu, und die westlichen Demokratien scheinen vielfach bereit, ihrem Souverän, dem Volk, einen guten Teil seiner Souveränität zu nehmen. Die Bürgerrechte werden eingeschränkt, die Freiheit wird beschnitten, der Überwachungsstaat breitet sich aus. Und das alles geschieht zum »Wohle« derer, die vor »Unheil« zu bewahren sind, damit sie auch künftig in »Sicherheit« und »Freiheit« leben können.

Warum sind viele Bürger auch in Europa bereit, das hinzunehmen? Sie wehren sich nicht. Den zivilen Ungehorsam, ihren größten Trumpf, setzen sie nicht ein. Glauben sie wirklich, dass sie im *Krieg gegen den Terror* keine andere Wahl haben? Sind sie von solcher Angst ergriffen, dass sie sich in einer »wehrhaften Demokratie« zum wehrlosen Objekt ihrer politischen Führung machen lassen? Wie in den USA, die in der Bush-Ära jahrelang einen »wilden, ungeregelten Krieg«[1] gegen den Terrorismus geführt haben. Ein Krieg, bei dem die amerikanischen Medien, sonst gerühmt für ihre Wachsamkeit, zumeist kritiklos zuschauten und ihre Wächterrolle wegen einer kollektiv empfundenen Verwundbarkeit auf dem Altar eines übersteigerten Patriotismus opferten. Das geschieht im *Empire of Liberty*, wie Thomas Jefferson[2] die junge amerikanische Republik einst programmatisch genannt hat, in der der Staat traditionell gegenüber den Freiheitsrechten der Bürger zurücktreten muss.

Es scheint, als seien die Amerikaner in eine selbst gestellte Falle getappt; vielleicht in einer Art Schockstarre, nachdem Osama bin Laden die Heimat, das *unangreifbare* Bollwerk, auf so perfide Weise attackiert hatte. Schließlich waren die USA 1814 zum letzten Mal einem Angriff auf eigenem Boden ausgesetzt, als englische Truppen bis nach Washington vordrangen und die Regierungsgebäude in Brand steckten.

187 Jahre später, am Morgen des 11. September 2001, raste ein entführtes amerikanisches Passagierflugzeug in einen der über vierhundert Meter hohen Zwillingstürme des World Trade Center in New York. Viele der konsternierten Augenzeugen glaubten an ein Unglück. Doch als zwanzig Minuten später eine zweite Maschine durch die stählerne Außenhaut des anderen Wolkenkratzers schoss, als sei der Turm eine Filmattrappe aus Pappmaschee, wich das Entsetzen auf den Straßen von Manhattan einem fassungslosen Grauen. Der gigantische Feuerball, in dem die Passagiere und die Menschen in den Büros in Sekundenschnelle zu Asche verbrannten, bestimmt seither unsere kollektive Vorstellung von Terror. Passagierflugzeuge als fliegende Bomben auf das World Trade Center und das Pentagon – eine zuvor nicht gekannte Waffe mit diabolischer Wirkung.

Und die Attentäter und ihre Hintermänner? Einfach paranoide Gewalttäter, die nur Vernichtung im Sinn hatten und dabei nahezu 3000 Menschen umbrachten? Unter ihnen waren junge, auf deutschen Hochschulen ausgebildete Akademiker. Soziologen nennen das, was sie getan haben, *altruistische Selbstmorde*. Es handelt sich um Menschen, die meinen ihr Leben für eine »höhere Wahrheit« zu opfern. Sie sterben im Glauben an die »gerechte Sache« und reißen dabei bewusst und bedenkenlos andere Menschen mit in den Tod. Sich selbst sehen die Terroristen als tiefgläubige »Idealisten«, die aus »religiöser Inbrunst« handeln, um *selbstlos* ihre »Mission« zu erfüllen. Eine Haltung, die uns im säkularisierten Westen befremdet und zutiefst verunsichert.

Diese jungen Männer haben bei uns gelebt und studiert. Dennoch ist ihnen unsere Art zu denken fremd geblieben. Unsere freiheitliche Gesellschaft lehnen sie ab. Sie finden sie verderbt und gottlos. Sie sind zu uns gekommen, um sich wissenschaftlich-technische Kenntnisse anzueignen. In diesem Bereich ist die westliche Kultur unbestreitbar überlegen. Das räumen sie freimütig ein, nur um hinzuzufügen, dass sie sonst inhaltlich leer und ohne ethische Werte sei. Der abendländischen Kultur fehle die moralische Kraft, die Halt biete und damit die soziale Ordnung stabilisiere. Das behaupten islamistische Propagandisten schon seit vielen Jahren im Brustton der Überzeugung. Die intelligenten Attentäter waren gelehrige Schüler jener extremistischen Prediger, die nur ein Credo kennen: »Der Islam ist die Lösung.« In Wahrheit verbirgt sich hinter dieser Parole eine politische Kampfideologie, die sich einen *religiös* gefärbten Mantel umhängt.

Die »Verwestlichung« in den islamischen Gesellschaften sehen islamistische Ideologen als Ursache für die »Selbstentfremdung« der Muslime, die für die Krise in der islamischen Welt verantwortlich sei. Alles Übel komme vom Westen, aus Europa, vor allem aber aus Amerika. So klingt das Mantra dieser *Gotteskrieger*, deren primitive Interpretation des Islam den ideologischen

Kitt darstellt, der die Dschihadisten quer über den Globus verbindet.

Der *Westen* steht für Sittenverfall und Dekadenz. Für Pornografie, Alkohol und Drogen. Und nicht zuletzt für den Zusammenbruch der Familie als Keimzelle der Gesellschaft. Als Indiz für den soziokulturellen Niedergang im Westen gilt den Islamisten die zügellose Selbstverwirklichung in der Konsumgesellschaft.

Der Islam aber schütze die familiäre Gemeinschaft, die dem Einzelnen Orientierung und Schutz gewähre, dafür allerdings die Einordnung in das größere Ganze verlange. Der Muslim gehe auf im Kollektiv der Gläubigen, deren Verhaltenskodex bestimmt werde durch die Unterwerfung unter den Willen Gottes, der wiederum erkennbar werde im islamischen Gesetz.

Grund für den moralischen Niedergang des Abendlandes sei der übersteigerte Individualismus – das egozentrische Leistungsdenken des Einzelnen, der sein Ziel darin sehe, im kapitalistischen Konkurrenzkampf so viele Vorteile und so viel Profit herauszuschlagen wie nur möglich. Dieser Egoismus – so sagen viele Islamisten – konnte sich nur deshalb ungehemmt entfalten, weil die Religion ins Private abgedrängt worden sei und ihre allgemeinverbindliche Bedeutung eingebüßt habe. Durch diese Fehlentwicklung habe die Religion im Westen ihre wertbestimmende Kraft für die Gesellschaft verloren.

Das Gefühl der Erniedrigung

Die Anschläge in den USA im September 2001 waren kein Amoklauf von Verrückten, sondern kühl geplante, politisch und »religiös« motivierte Gewaltakte gegen die »Feinde des Islam«. Sie tragen neben dem aus Ohnmachtsgefühlen erwachsenen Hass ein Element der Rache für die Schmach der Vergangenheit in sich. Dasselbe gilt für das Vorgehen vieler Terroristen im Irak, und eine ähnliche Motivlage lässt sich auch für die Attentäter von Madrid (März 2004) und London (Juli 2005) vermuten. Islamistische Extremisten haben Amerika und Europa ins Visier genommen, weil sie sich in ihrem Glauben – so wie sie ihn verstehen – bedroht fühlen. Sie betrachten sich als *muslimische Avantgarde* im »jahrhundertealten Kampf« des Westens gegen den Islam. Sie sehen sich als »Verteidiger des Glaubens«, die im *Heiligen Krieg* (»Dschihad«) den Angriff der Supermacht USA auf ihre »islamische Existenz« abwehren müssen.

Das mag uns paradox erscheinen. Doch nur, wenn wir die Dinge aus dem Blickwinkel der Terroristen heraus betrachten, kann es gelingen, das Phänomen des Dschihadismus zu erklären. Nur, wenn wir die Ursachen und Motive ihres Handelns kennen, ist es möglich, ein Gegenkonzept zu entwerfen, das politisch aus der Falle herausführt.

Doch nicht allein Dschihadisten sehen sich in einer Opferrolle. Die große Mehrheit der gemäßigten und friedlichen Araber und Muslime weltweit glaubt sich vom Westen missachtet und nicht ernst genommen. Es ist etwas Grundsätzliches nicht in Ordnung zwischen uns, den *aufgeklärten*, verweltlichten Kulturchristen im Abendland, und den muslimischen Völkern des Orients.

Warum haben die Muslime dieses Gefühl der Erniedrigung? Liegt es daran, dass sie seit der Landung von Napoleons Expeditionsheer in Ägypten 1798 – also dem Beginn der europäischen Kolonialherrschaft vom Atlas bis zum Hindukusch – glauben, sie würden ausgebeutet und vor allem kulturell fremdbestimmt werden? Vor rund 200 Jahren brachten Frankreich und Britannien ihre eroberungslüsternen Armeen in die arabisch-islamische Welt, mit ihnen kamen die Ideen der Aufklärung. Die traditionelle Vorstellungswelt der Muslime und ihre gesellschaftliche Ordnung waren plötzlich der Moderne ausgesetzt. Übergangslos, nach Jahrhunderten der kulturellen Abgeschiedenheit, mussten die Muslime erkennen, dass sie sich weder dem Machtanspruch noch der Fremdherrschaft der Europäer entziehen konnten, geschweige denn ihren modernen Gedanken etwas Gleichwertiges entgegenzusetzen hatten. Sie waren dem *Abendland* mit ihrer vorindustriellen, feudalen Stammesgesellschaft in jeder Hinsicht unterlegen: militärisch, technisch, wissenschaftlich und administrativ.

Dieser »Kulturschock« wirkt bis in unsere Tage nach. Als traumatische Erfahrung prägt er bis heute das kollektive Bewusstsein der Araber und Muslime. Zumal es ihnen bisher nicht gelungen ist, einen eigenen Weg zu finden, um ihre traditionelle Kultur mit der Moderne zu versöhnen. Und zwar auf eine Weise, die es ihnen ermöglichen würde, die Lebensbedingungen in den jeweiligen Gesellschaften auch für die breite Bevölkerung humaner zu gestalten, sodass sich politisch, sozial sowie in Wissenschaft und Kultur eine »islamische Moderne« herausbilden könnte.

Der »Kulturschock« sitzt umso tiefer, als die Muslime seit ihren »Blitzsiegen« im 7. Jahrhundert n. Chr. ein mächtiges Weltreich errichten konnten, das dem Islam eine kulturelle Blütezeit bescherte, dem das christliche Mittelalter zivilisatorisch und wissenschaftlich weit unterlegen war. Zwar machte der Mongolensturm dem arabischen Reich im 13. Jahrhundert ein Ende.

Aber die siegreichen Turkvölker übernahmen die islamische Lehre wie schon zuvor die einst mächtigen Perser. Die Araber wurden wohl von der Macht verdrängt, aber ihre Eroberer trugen fortan das Banner des rechten Glaubens weiter, und die Sprache des Koran war und blieb für alle Zeiten das Arabische. Ähnliches gilt für das Osmanische Reich, das die Araber fast fünf Jahrhunderte hindurch als Untertanen erlebten.

Doch als Briten und Franzosen mit ihrem Sieg im Ersten Weltkrieg (1914–1918) dem Reich der Osmanen den Todesstoß versetzten, war es mit der islamischen Herrschaft im Vorderen Orient erst einmal vorbei. Die sich anschließende europäische Kolonialzeit ist in den Augen der Muslime ein schlagender Beweis für die besondere Missachtung durch den Westen. Das Britische Empire und die europäische Großmacht Frankreich schufen nach 1918 mit Hilfe des Völkerbunds neue Staaten auf dem Reißbrett und hatten dabei – nicht nur nach islamischer Lesart – allein ihre imperialistischen Interessen im Auge. Ohne jede Rücksicht auf historisch gewachsene Bindungen zwischen Stämmen und Völkern zogen die Europäer willkürliche Grenzen und setzten Herrscher ein, die ihnen zu Diensten sein mussten, weil sie von ihnen abhängig waren. Libanon, Syrien, Jordanien und der Irak sind so entstanden.

Die Kolonialzeit wird im Bewusstsein der Araber und Muslime insbesondere geprägt durch die Gründung des Staates Israel (1948), die der Westen trotz des Widerstands der Araber entschieden begünstigt hat. Gegen den erklärten Willen der Araber förderte vor allem die Mandatsmacht Britannien die staatliche Entstehung Israels auf dem Boden des seit über tausend Jahren arabisch bewohnten Palästina. London ermöglichte die massive Zuwanderung zionistischer Siedler aus Europa, obwohl in Palästina noch 1917 nahezu 700 000 Araber, aber nur etwa 85 000 Juden lebten.[3]

In Israel sehen die Araber ein »westliches Baby«, das durch die britische Kolonialpolitik in Palästina (1922–1939) gezeugt wurde und unter dem Eindruck des Völkermords der Nazis an den europäischen Juden mit Hilfe des Teilungsbeschlusses der UNO von 1947 schließlich ein Jahr später auf die Welt kam. Aus Sicht der Araber ist es ungerecht, dass sie ihr Land an die Juden abgeben mussten, die nach Jahrhunderten der Verfolgung endlich dem europäischen Antisemitismus entgehen und deshalb eine *nationale Heimstätte* als Schutzraum für die Juden dieser Welt errichten wollten.

Die »europäische Erbsünde«[4] des Antisemitismus, die Ursache für das Entstehen eines jüdischen Nationalbewusstseins besonders am Ende des 19. Jahrhunderts, und die daraus erwachsene Ideologie des Zionismus, die darauf gerichtet war, einen jüdischen Staat in Palästina aufzubauen, sind nach Meinung der Araber Teil der historischen Verantwortung Europas. Das Palästinaproblem ist demnach von den Europäern geschaffen worden, nicht von den Arabern.

Inzwischen sind die USA an die Stelle der europäischen Kolonialmächte getreten. Und heute fühlen sich die Araber durch die amerikanische Palästina-Politik erniedrigt. Selbst wenn sich die israelische Regierung durch ihre völkerrechtswidrige Landnahme gegenüber der palästinensischen Bevölkerung ins Unrecht setzt, verhindert Amerika eine Verurteilung Israels im UN-Sicherheitsrat. Amerika misst im Nahen Osten mit zweierlei Maß – zulasten der Araber. Diese Grundstimmung der arabischen Völker kennen Leute vom Schlage

Osama bin Ladens, die ihre antiisraelische Propaganda genau darauf ausrichten. Und dasselbe gilt für jene politischen und religiösen Führer, die vom Iran aus die arabischen Massen mit antijüdischen und israelfeindlichen Parolen aufwiegeln.

Solange den Palästinensern die staatliche Selbstbestimmung verwehrt bleibt, wird diese blutende Wunde im arabisch-islamischen Fleisch der Nährboden für junge, zornige Terroristen sein.

Die tiefe Krise der arabisch-islamischen Welt

Terrorismus ist nicht allein durch Militärschläge und Geheimdienstoperationen erfolgreich zu bekämpfen. Die politischen und gesellschaftlichen Wurzeln des Terrors müssen behandelt werden, um die Ursachen seiner Entstehung zu beseitigen.

Doch hier ist nicht nur der Westen gefragt. Die arabisch-islamische Welt befindet sich in einer tiefen Krise, die die Araber auch selbst zu verantworten haben. Schließlich sind sie seit Jahrzehnten staatlich unabhängig und halten ihr Schicksal in eigenen Händen. Aber die arabischen Regime haben den Menschen in ihrer Mehrzahl weder Freiheit noch humane Lebensverhältnisse gebracht.[5] Abgesehen von einigen Ölstaaten, die ihre Petrodollars einsetzen können, leben die einfachen Menschen in den meisten arabischen Staaten mehr schlecht als recht. Die Machthaber sind in der Regel diktatorisch und korrupt. Die herrschenden Cliquen wirtschaften in die eigene Tasche und überlassen die Versorgung der Bedürftigen den Islamisten, die ihre sozialen Dienste geschickt für politische Ziele instrumentalisieren. Die islamistischen Akteure setzen sich für die Belange der unterprivilegierten Massen ein und haben gleichzeitig viel Zulauf an den Universitäten, weil sie als glaubwürdig und unbestechlich gelten.

Der Aufstieg der Islamisten kommt nicht von ungefähr, weil alle säkularen Ideologien, wie Nassers panarabischer Nationalismus oder der Baath-Sozialismus,[6] versagt haben. Das ist heute im Irak und in Syrien unschwer festzustellen. Die Dschihadisten, jene fanatischen Extremisten, die bewaffneten Kampf und Terror auf ihre Fahnen geschrieben haben, sind in der islamischen Welt nur eine sehr kleine Minderheit. Aber sie sind gut und vor allem dezentral organisiert. Sie agieren geschickt, teilweise perfekt getarnt im öffentlichen Raum oder verdeckt und aus dem Untergrund heraus.

Dabei verfolgen verschiedene Gruppen, nur lose miteinander verbunden, durchaus unterschiedliche Ziele, auch wenn sie ideologisch sämtlich durch die krude Weltsicht von al-Qaida, der Keimzelle aller militant-islamistischen Gruppen, geprägt sind. Die einen wollen besetztes, ursprünglich einmal *islamisches* Land befreien, die anderen sind darauf aus, korrupte arabische Regime zu stürzen, und schließlich handelt es sich um regional und global operierende Terroreinheiten, die den Westen bekämpfen und »feindliche arabische Regierungen« stürzen wollen, die im *Unglauben versunken sind.*

Im Unterschied dazu beabsichtigen »politische« Islamisten durch politisches Engagement, einschließlich der Teilnahme an Wahlen, die Macht in ihrem Land zu erringen, um eine – wie sie sagen – islamische Demokratie aufzubauen. Doch auch diese »modernen« Islamisten wenden sich gegen die bisherige Politik des Westens, vor allem der USA in der Region und fordern eine Neudefinition ihrer Beziehungen mit dem Westen auf gleicher Augenhöhe.

Der Export von Demokratie, Freiheit und Markt

Vor diesem Hintergrund ist die Politik der Regierung Bush nach dem 11. September 2001 zu betrachten. Schon am 12. September, einen Tag nach den Anschlägen von New York, forderte Verteidigungsminister Donald Rumsfeld die Bombardierung des Irak. Obwohl es nahelag, alle zur Verfügung stehenden Kräfte dafür einzusetzen, den Terrorismus in Afghanistan zu bekämpfen, intensivierte die Bush-Administration die politischen und militärischen Vorbereitungen für den Einmarsch in den Irak. Damit wurden Mittel gebunden, die in Afghanistan fehlten, um Osama bin Laden und al-Qaida mit dem größtmöglichen Aufwand zur Strecke bringen zu können. Der ehemalige US-Sicherheitsberater Richard A. Clarke erklärt das so: »Die Bush-Regierung hatte schon lange nach einem Anlass gesucht, im Irak einzumarschieren. Ich sagte ihr, das sei so, als wären wir nach [dem japanischen Angriff 1941 auf die US-Pazifikflotte in] Pearl Harbor in Mexiko einmarschiert. Aber sie waren besessen von der Idee, Saddam zu entmachten.«[7]

Das war nicht immer so in Washington. Denn in bestimmten Phasen hatte Saddam Hussein eine für die USA und Europa nützliche Rolle gespielt. Nachdem er 1979 endgültig die Alleinherrschaft im Irak an sich gerissen hatte, waren die Irak-Kenner in den westlichen Kanzleien lange der Meinung, Saddams Regime sei ein notwendiges Übel. Der Irak, so argumentierten sie, hat eine turbulente Geschichte und ist ein Land, das mit starker, wenn nicht brutaler Hand regiert werden muss, um die latente Gewalttätigkeit zu unterdrücken, die der irakischen Gesellschaft innewohnt.

Tatsächlich ist der Irak seit seiner Erschaffung durch Britannien immer wieder von inneren Konflikten erschüttert worden. Ethnische, religiöse und stammesbezogene Gegensätze prägen das Bild des Landes, in dem Araber gegen die kurdische Minderheit standen und die schiitische Mehrheit um größeren Einfluss gegenüber den Sunniten rang. Das hat häufig zu grausamen und blutigen Zusammenstößen geführt, bei denen Saddams Handlanger im Kurdengebiet und in den südirakischen Sümpfen viele Tausende von Männern, Frauen und Kindern mit Giftgas umbrachten. Weder in Amerika noch in Europa haben sich die Regierenden jedoch damals nachhaltig darüber entrüstet. Denn sie waren froh, dass Saddam im Krieg gegen den Iran (1980–1988) *die Mullahs in Teheran in Schach hielt.*

Erst als Saddam Hussein den Fehler machte und 1990 in Kuwait einfiel, wurde er im Westen als die Inkarnation des Bösen gebrandmarkt. Er hatte es gewagt, die strategischen Ölinteressen der USA zu missachten, und musste deshalb in seine Schranken verwiesen werden. Hätte Saddam nämlich Kuwait endgültig dem Irak einverleibt, wären etwa zwanzig Prozent der damals nachgewiesenen Erdölreserven unter seine Kontrolle geraten. Der Mann in Bagdad hätte dann nicht nur der OPEC (Organisation der erdölexportierenden Staaten; Mitglieder u.a. Irak, Iran, Saudi-Arabien, Kuwait, Arabische Emirate) seine Preispolitik diktieren und damit die proamerikanischen Saudis konterkarieren können, sondern er hätte sicherlich auch versucht, die Führung in der arabischen Welt an sich zu reißen.

Mit dem Kuwait-Abenteuer hatte sich Saddam als Hindernis für eine Umgestaltung der Region nach amerikanischen Vorstellungen erwiesen. Noch in der Endphase der ersten Bush-Administration (George Bush senior) entwickelten neokonservative Vordenker unter dem damaligen Pentagonchef Dick Cheney die Grundzüge einer Doktrin, die die amerikanische Führungsrolle in der Welt nach dem Zusammenbruch des Sowjetreichs definierte.

Nach diesen Vorstellungen war es das vitale Interesse der USA, die alleinige globale Führungsmacht zu sein und es vor allem zu bleiben. Amerika solle die Initiative ergreifen und so die *Neue Weltordnung* gestalten, indem es die Welt proaktiv aus eigener Machtvollkommenheit forme und nicht erst auf bestimmte Entwicklungen reagiere. Demnach müsse Amerika von sich aus eine *Zone der Demokratie* schaffen und entsprechend seinen Bedürfnissen auch erweitern, und zwar im Namen von *Freiheit und Markt.*

Daraus wurde dann im Jahr 2003 unter Bush junior die neue *Nationale Sicherheitsstrategie* der Vereinigten Staaten. Mit der Bush-Doktrin nahm sich Amerika das uneingeschränkte Recht vorbeugender Militäreinsätze (»preemptive strikes«). Das sei notwendig – so die Bush-Strategen –, um sicherheitspolitisch auf die veränderte Lage nach dem 11. September reagieren zu können. Es gelte, dem zerstörerischen Werk von *Schurkenstaaten* oder Terrorbanden wirksam zu begegnen, indem man handele, bevor die Gefahr akut werde.

Die Kernpunkte dieser Doktrin, die die unverhüllt aggressive Außenpolitik der USA unter Bush junior kennzeichneten, sind Jahre vor dem 11. September 2001 formuliert worden. Sie lieferten allerdings im dann ausgerufenen *Krieg gegen den Terror* eine willkommene Argumentationshilfe zur Rechtfertigung des eigenen Tuns mit Blick auf die amerikanische Gesellschaft. Begriffe wie *Demokratie, Freiheit und Markt* sollten die wohlwollenden Ziele dieser Politik beschreiben, dienten im Grunde jedoch nur zur ideologischen Verbrämung einer kühl kalkulierten Hegemonialpolitik.

Die häufig vorgetragene Argumentation von George W. Bush, Saddam Hussein sei so gefährlich für die Welt und die USA, dass er unbedingt und sofort ausgeschaltet werden müsse, war eine reine Schutzbehauptung. Die Existenz der angeblichen Massenvernichtungswaffen in Saddams Besitz wurde von Waffeninspekteuren der UNO glaubhaft in Frage gestellt. Saddam war ganz sicher gefährlich für viele seiner Untertanen, aber nicht für Amerika. Militärisch hatte ihm schon Bushs Vater im Kuwait-Krieg 1991 die Flügel gestutzt. Saddam einen Förderer der terroristischen Machenschaften der Dschihadisten zu nennen war der blanke Hohn. Denn gerade Saddam, der Erzfeind der Islamisten jedweder Prägung, verfolgte die Fundamentalisten, die er als Gefahr für sein Regime betrachtete, mit gnadenloser Härte.

In Wahrheit ging es der Bush-Regierung von Anfang an um andere Ziele. Das Saddam-Regime sollte beseitigt werden, um die politische Neuordnung der Region einzuleiten. Es handelte sich um den Versuch, eine *Pax Americana* im Nahen Osten zu etablieren. Die USA verstanden sich unter Präsident Bush junior als *imperialer Hegemon,* der die *historische Chance* ergreift und seine politischen Ordnungsvorstellungen durchsetzt, um auf lange Sicht unverrückbare Fakten zu schaffen. Bush und seine neokonservativen Mitstreiter waren von dem Sendungsbewusstsein (»mission«) getragen, den demokratischen Kapitalismus unter den Völkern der ölreichen Region zu verbreiten und so den strategischen Interessen der energiehungrigen Supermacht zu dienen.

Die traumatische Wirkung der Anschläge vom 11. September spielte in diesem Zusammenhang eine wichtige Rolle. Sie stellten eine historische Zäsur dar, die das Ende der Unverwundbarkeit Amerikas im eigenen Land markierte. Die dadurch entstandene Stimmung in der amerikanischen Bevölkerung bereitete innenpolitisch den Boden für den *Krieg gegen den Terror*, in dessen psychologischen Rahmen die Bush-Regierung den Feldzug gegen den Irak stellte, um die Amerikaner von seiner Notwendigkeit zu überzeugen.

Der *neue* Nahe Osten

Die Entmachtung von Saddam Hussein sollte der erste Schritt sein zur Umsetzung einer lange gehegten Vision: die Schaffung eines *neuen Nahen Ostens.*[8] Die militärische Intervention im Irak sollte dabei als die treibende Kraft der Umgestaltung wirken.

»Die Entstehung eines freien Irak im Herzen des Nahen Ostens wird das richtungweisende Ereignis in der globalen demokratischen Revolution«, erklärte Präsident George W. Bush am 7. November 2003. Von da an machten die Vertreter seiner Regierung immer wieder klar, dass ihr Bestreben nicht mehr nur darauf gerichtet war, Krisen einzudämmen und beherrschbar zu machen. Stattdessen wollten sie diese Krisen quasi mit einem riesigen Satz überspringen, indem sie eine *Region der Demokratie und des Friedens* schufen, wo die überkommenen Gegensätze und Konflikte schlichtweg keine Rolle mehr spielten. Dieser neue Nahe Osten sollte ein geopolitischer Raum von überwiegend demokratischen Staaten sein, die als Verbündete der USA fungierten. Jene Regimes indes, die sich unwillig zeigten, der *neuen Zeit* ihren Tribut zu zollen, würden schmerzhaften Sanktionen unterworfen werden. Besonders hartleibige Herrscher und ihre Cliquen sollten notfalls mit Gewalt gestürzt werden, wenn sie sich dem Willen Amerikas nicht beugten.

Nun hat die amerikanische Invasion des Irak tatsächlich zu folgenreichen Veränderungen im Lande und in der ganzen Region geführt. Allerdings nicht in der Weise, wie sich das die Bush-Administration vorgestellt hatte.

»Niemand wird leugnen können, dass der Irakkrieg im höchsten Maße kontraproduktiv war. Er entfremdete wichtige Bündnispartner im Kampf gegen den Terrorismus, ließ freundlich gesinnte Muslime zu Skeptikern werden und Skeptiker zu Radikalen. Und er schuf ein neues Schlachtfeld für nomadisierende islamistische Aufrührer. Der Irak war in keiner Weise Teil der uns bedrohenden Terrorgefahr, und die Absetzung Saddam Husseins hat nicht dazu beigetragen, die Gefahr zu verringern, die von al-Qaida und den Dschihadisten ausgeht. Tatsache ist: Selbst wenn sich der Irak eines Tages auf wundersame Weise in eine stabile, sichere Demokratie verwandeln sollte, könnten die USA oder andere Staaten dennoch am nächsten Tag einen Anschlag vom Kaliber des 11. September erleiden.«

Das schreibt der ehemalige US-Sicherheitsberater Richard A. Clarke,[9] der 19 Jahre im Verteidigungs- und Außenministerium arbeitete, bevor er ins Weiße Haus wechselte. Dort diente er drei Präsidenten: Bush senior, Bill Clinton und Bush junior. Nach dem 11. September hat Clarke noch als Experte für Terrorfragen das Krisenmanagement im Weißen Haus geleitet. Dann kam es über den Krieg gegen den Irak zum Streit zwischen ihm und der Bush-Regierung, und Clarke quittierte den Dienst.

Bagdad, im Dezember 2006. »Nieder mit den Verrätern, den Amerikanern und den Persern«, ruft Saddam Hussein im Angesicht des Galgens. Sein Fluch gegen die *Perser* unterstreicht, welches Vermächtnis der gestürzte Herrscher in diesen frühen Morgenstunden von Eid al-Adha, dem islamischen Opferfest, mit in den Tod nimmt. Die Perser, das sind in Saddams Augen nicht nur die islamischen Machthaber in Teheran, die nun nach der Vorherrschaft am Persischen Golf greifen. Auch die arabischen Schiiten im Irak zählt Saddam zu den *Persern.* Seine eigenen Landsleute also, die im Krieg gegen den Iran (1980–1988) für die arabische Identität des Irak kämpften und die er dennoch grausam verfolgte und unterdrückte, solange er das konnte.

Das Ende des Tyrannen in Bagdad ist das Ende einer Ära. Der Niedergang des arabischen Nationalismus hatte schon lange vor dem Fall von Saddam begonnen. Mit seiner Hinrichtung verliert die arabische *Umma* den letzten laizistischen Kriegsherrn, der ebenso brutal wie kompromisslos die arabischen Völker unter seine Knute zwingen wollte. Nun ist die säkular geprägte Ideologie, die den Arabern den Weg zur Einheit weisen sollte, in finaler Weise kopflos. Saddams entwürdigender Tod macht sie obsolet.

Die arabische Umma ist geschwächt. Das heißt, in erster Linie die Glaubensgemeinschaft der Sunniten. Denn die allermeisten Araber sind sunnitische Muslime.[10] Sie sehen sich heute einem erstarkten Iran gegenüber, dessen schiitische Führer den Anspruch auf die Vorherrschaft am Persischen Golf erheben. Mit der Entmachtung der Taliban in Afghanistan und der planlosen

Vernichtung des Saddam-Regimes haben die USA den Iran von seinen gefährlichsten Feinden befreit und das relative Gleichgewicht der Kräfte am Golf zerstört. Die blutgetränkte Erde in Bagdad zeugt vom Anspruch der Schiiten im Irak, die gestürzten sunnitischen Herrn des Landes in die Schranken zu verweisen.

Der Iran ist zur einflussreichsten Macht von der Levante bis zum Golf aufgestiegen. Die Beruhigung der Lage in Gaza, im Libanon und vor allem im Irak ist ohne den guten Willen der iranischen Führung schwierig, wenn nicht unmöglich. Die offensive Haltung Teherans in der Atomfrage unterstreicht das Selbstbewusstsein der herrschenden Geistlichkeit, die offenbar in der Region eine Zeitenwende unter persisch-islamischer Führung heraufziehen sieht. Der Iran will nicht nur regionale Großmacht sein, sondern als Speerspitze der gesamten islamischen Welt gesehen werden. Die revolutionäre Führung in Teheran möchte nicht als Förderer nur des schiitischen Islam auftreten, sondern als panislamische Macht. Indem sie palästinensische Gruppen wie die Hamas und die Jihad Islami – beides sunnitische Formationen – und den »palästinensischen Freiheitskampf« ganz allgemein unterstützt, glaubt sie die sunnitisch-schiitische Teilung im Islam am besten überwinden zu können.

Saudi-Arabien, Land der Heiligen Stätten des Islam und nach eigenem Verständnis die Schutzmacht der Sunniten, fürchtet diesen Hegemonialanspruch des Iran. Die Machtübernahme proiranischer Schiiten in Bagdad und der symbolische Sieg der schiitisch-libanesischen Hisbollah gegen Israel im Sommer 2006 haben dem saudischen Königshaus vor Augen geführt, dass die Perser im Begriff sind, den Arabern in ihrer Heimat das

Heft aus der Hand zu nehmen. Mit seinem Einfluss auf die Hisbollah, seiner Allianz mit dem Assad-Regime in Syrien und seinen Interventionsmöglichkeiten im Irak und in Palästina über Hamas und Jihad Islami, verfügt der Iran über wirkungsvolle Instrumente.

Die fünfte Kolonne der Mullahs

Der Krieg im Irak hat viele Umwälzungen in der Region bewirkt. Aber der von Präsident Bush prophezeite Wandel des Nahen Ostens hin zu *Demokratie, Frieden und Freiheit* ist nicht eingetreten. Stattdessen hat Bush nach acht Jahren Amtszeit eine *Region voller Wunden*[11] hinterlassen. Statt *Freiheit und Demokratie* herrschen Autokraten und rückwärtsgewandte Stammesführer. Und die Ideologie militanter Extremisten ist auf dem Vormarsch. Den »Gottesstaatlern« ist das Volk viel eher zugeneigt als den Verfechtern einer liberalen Gesellschaftsordnung westlicher Prägung. Die Missachtung arabisch-islamischer Wirklichkeit durch die USA hat bestehende Probleme verschärft und neue Konfliktfelder geschaffen. Der Irak ist – auch wenn sich die Sicherheitslage erheblich verbessert hat – ein Land mit begrenzter staatlicher Autorität. Trotz des ermutigenden Verlaufs der Wahlen zu den Provinzialräten Ende Januar 2009 bleibt der Irak ein zutiefst gespaltenes Land: Religiöse, ethnische, tribale und ideologisch geprägte Kräfte stehen sich misstrauisch oder feindlich gegenüber. Darüber, welche staatliche und gesellschaftliche Ordnung der *neue Irak* haben soll, gibt es bisher keine grundlegende Übereinstimmung. Mühsam errungene Fortschritte sind oft von kurzer Dauer. Die rivalisierenden Gruppen sind bisher nicht in der Lage, eine tief greifende nationale Versöhnung über die religiösen und politischen Barrieren hinweg zu bewerkstelligen. Terror und Gewalt erschüttern das Land viel seltener als zuvor, vergiften manchenorts aber immer noch den Alltag der Menschen.

Jene Schiiten, die Saddam Hussein während seiner Herrschaft grausam unterdrückte, sind in Rivalität gefangen. Oft genug sind sie sich in den letzten Jahren gegenseitig an die Kehle gegangen. Und je nach Interessenlage hat dann der Iran erfolgreich die Rolle des *Schlichters* bei diesen schiitischen Bruderkämpfen übernommen. Zum Beispiel stiftete Teheran im Frühjahr 2008 einen Burgfrieden zwischen rivalisierenden Milizen in der südirakischen Hafenstadt Basra und etwas später im Sadr-City-Gebiet von Bagdad. Hier wird deutlich, wie groß der Einfluss Teherans im Irak tatsächlich ist. Und wie konstruktiv die Rolle der iranischen Regierung sein kann, wenn es ihrem Vorteil dient. Offenbar war es in diesem Fall ein Appell des irakischen Präsidenten Dschalal Talabani an den Kommandeur der iranischen Al-Quds-Einheit, General Quassem Suleimani, der zum Erfolg führte.[12] Die Al-Quds-Truppen unterstehen den Revolutionsgarden des Iran; die USA machen Letztere fur die Bewaffnung und Ausbildung schiitischer Milizen im Irak verantwortlich.

Die Architekten des Irakkrieges in Washington hatten eine solche Entwicklung gewiss nicht beabsichtigt. Sie gingen vielmehr davon aus, dass die Beseitigung des säkularen Baath-Regimes in Bagdad der Anfang einer Neuordnung der Region sein werde. Und zwar mit der Folge, dass in Teheran die Mullahs von der Macht verdrängt würden. Sie glaubten ernsthaft, dass der Aufbau einer weltlich orientierten Demokratie im Irak die iranische Bevölkerung dazu bewegen würde, sich gegen die theokratische Herrschaft der schiitischen Geistlichen zu erheben. So jedenfalls lautete damals die Prognose von Pentagonchef Donald Rumsfeld.

Die Alternative zu diesem Szenario war die Annahme, das iranische Regime würde durch die Einkesselung des Iran von US-Truppen im Irak, in Afghanistan und im Persischen Golf so eingeschüchtert werden, dass die Mullahs von sich aus ihre feindliche Politik aufgeben würden. Einige »Experten« in Washington sagten voraus, dass die angesehensten Geistlichen (Groß-Ajatollahs) ihr religiöses Zentrum im Iran verlassen und sich in die für Schiiten heilige Stadt Najaf im Irak begeben würden. Auf diese Weise würden sie öffentlich die religiöse Legitimität der geistlichen Führung in der Islamischen Republik Iran in Frage stellen. Das wiederum brächte die iranischen Massen dazu, sich gegen die Mullahs zu erheben.

Keines dieser Szenarien ist Wirklichkeit geworden.

Es war die erklärte Absicht der Bush-Regierung, den Handlungsspielraum des iranischen Regimes zu beschneiden oder es sogar gänzlich zu Fall zu bringen. Das Gegenteil ist geschehen. Die iranischen Geistlichen verfügen auf irakischem Boden über eine Art fünfte Kolonne, die bei Bedarf sämtliche Pläne der USA zur Stabilisierung des Irak durchkreuzen kann. Die Lage im Irak bietet dem schiitischen Klerus zudem die Chance, den religiös orientierten irakischen Schiiten ihre Lesart islamistischer Staats- und Gesellschaftsdoktrin schmackhaft zu machen und diese Ideen auch unter den schiitischen Minderheitsgruppen in den arabischen Ländern am Golf zu verbreiten. Der saudische Monarch hat deshalb den Iran schon Anfang 2007 offiziell aufgefordert, jede missionarische Wühlarbeit zu unterlassen, um aus Sunniten schiitische Muslime revolutionär-iranischer Prägung zu machen. Schon gut zwei Jahre zuvor hatte Jordaniens König Abdallah in aller Offenheit vor der Entstehung eines »schiitischen Halbmonds« gewarnt, der Teheran mit Bagdad und Beirut verbinden und somit von Zentralasien bis zum östlichen Mittelmeer reichen würde.

Tatsächlich bedeutet die Entmachtung der Sunniten im Irak, die als Minderheit über die schiitische Mehrheit herrschten, auch das Ende der dominanten politischen Stellung der Sunniten im gesamten Nahen und Mittleren Osten. Die Machteinbuße der sunnitischen Regimes hat zu einem Aufstieg der Schiiten in der Region geführt, die versuchen werden, ihren gewachsenen Einfluss kulturell und politisch zu nutzen. Ägypten, Jordanien und Saudi-Arabien sehen sich davon betroffen und machen ihre amerikanischen Verbündeten dafür verantwortlich.

Klar ist, dass im arabischen Osten zwischen Damaskus und Bagdad – dort, wo früher das syrische und das irakische Baath-Regime um die Vorherrschaft rangen – ein Machtvakuum entstanden ist, in dem sich die Araber dem wachsenden Einfluss der *Perser* gegenübersehen. Ein seit Jahrhunderten beispielloser Vorgang.

Saddams Irak stellte vordem das arabische Bollwerk im Osten dar, dessen Beseitigung durch George W. Bush den fulminanten Aufstieg des Iran in der Region erst ermöglicht hat.

Die Wiederkehr der Golfstaaten

Das irakische Dilemma steht für das Scheitern des amerikanischen Abenteuers am Persischen Golf. Es ist eine folgenschwere politische Niederlage. Ansehen und

Glaubwürdigkeit Amerikas sind auf einem historischen Tiefpunkt. Und der Respekt für »amerikanische Werte« ist ausgehöhlt. Die Kriegs- und Konfrontationspolitik in der Bush-Ära hat darüber hinaus zu einem erheblichen Verlust an Einfluss in der Region geführt.

Das ist erkennbar an der neuen politischen Rolle, die die arabischen Golfstaaten – geführt von Saudi-Arabien und Katar – übernommen haben. Im Blick auf alle wichtigen regionalen Probleme versuchen sie eine eigenständige Politik umzusetzen – und dies, obwohl Saudi-Arabien auf amerikanischen Schutz angewiesen bleibt und Katar, Bahrain wie auch Kuwait amerikanische Militärstützpunkte beherbergen. Man will am Golf die alte Verbundenheit mit den USA zwar nicht durch eine feindselige Haltung ersetzen, aber doch deutlich machen, dass die bisherige amerikanische Politik abgelehnt wird. Die Golfanrainer halten sie für kontraproduktiv, weil sie mit ihrem manichäischen Handlungsmuster nicht zu Lösungen geführt, sondern die Spannungen in der Region erhöht hat. Deshalb verfolgen sie eine Politik, die an ihren Interessen ausgerichtet ist, unabhängig davon, ob die USA dem zustimmen. Dies ist auch im Umgang mit dem Iran nicht zu übersehen.

Die Aussicht auf eine Hegemonialstellung des Iran im Nahen Osten alarmiert nicht nur die USA und Israel. Auch die arabischen Nachbarn der *Perser* sind darüber sehr besorgt. Besonders der Verdacht, Teheran gehe es nicht nur um die friedliche Nutzung der Kernenergie, sondern um die Fähigkeit, eigene Atomwaffen herzustellen, beunruhigt die sunnitischen Regimes. Doch trotz ihrer unübersehbaren Furcht vor dem Iran haben sich die arabischen Golfstaaten bisher standhaft geweigert, mit den USA eine antiiranische Allianz einzugehen.

Einer solchen Formation lagen geopolitische Gedankenspiele in Washington und in Israel zugrunde, die darauf gerichtet waren, den Iran zu isolieren und möglichst in die Enge zu treiben. Es ging um eine Koalition *gemäßigter* arabischer Staaten mit Saudi-Arabien an der Spitze, die gemeinsam mit den USA die regionale Eindämmung des Iran betreiben sollten. Anfang 2007 gab es auf Drängen des US-Außenministeriums in Kuwait zwar ein Treffen des Golfkooperationsrats (GCC) mit Ägypten und Jordanien. Aber dabei wurde nur eine sehr allgemein gehaltene Erklärung verabschiedet, in der lediglich die Rede davon war, dass sich die Teilnehmer zu »Sicherheit und Frieden in der Region« verpflichtet fühlten.

Danach verliefen die weiteren amerikanischen Bemühungen im Sande. Auf taktische Manöver, die dazu dienten, eine antiiranische Allianz mit den sunnitischen Arabern zu schmieden, ohne eine Neuordnung in der Region durch die Lösung der Palästinafrage zu bewirken, wollten sich die Golfaraber auf keinen Fall einlassen. Sie sind sich der Tatsache bewusst, dass die Schwäche der Araber gegenüber dem offensiv agierenden Iran nur durch ein geeintes, glaubwürdiges und konsequentes Eintreten für die Palästinenser kompensiert werden kann. Denn die arabischen Völker fühlen sich trotz der konfessionellen Unterschiede mit dem schiitischen Iran verbunden, weil er sich aktiv gegen die israelische Besatzung wendet.

Die Golfstaaten wissen, dass sie an der »arabischen Friedensinitiative« nicht nur festhalten, sondern sie offensiv gegenüber den USA vertreten müssen. Diese Initiative basiert auf dem Prinzip *Land gegen Frieden* und stammt aus der Feder von König Abdallah von Saudi-

Arabien. Noch als Kronprinz hatte Abdallah den Plan formuliert, der schon 2002 auf der Gipfelkonferenz der Arabischen Liga in Beirut verabschiedet und im März 2007 von den arabischen Staatschefs bestätigt wurde. Der Plan verspricht Israel Frieden mit den Arabern, wenn es das 1967 eroberte arabische Land zurückgibt, einen Staat Palästina mit Ost-Jerusalem als Hauptstadt zulässt und das von den Vereinten Nationen völkerrechtlich verbriefte Rückkehrrecht der 1947/48 geflohenen oder vertriebenen Palästinenser grundsätzlich anerkennt.

Die Botschaft an die USA und Israel ist klar: Wenn ihr ernsthaft an einer Regelung in Palästina interessiert seid, wollen wir substanziell verhandeln.

Im Übrigen vermeidet König Abdallah von Saudi-Arabien die offene Konfrontation mit dem Iran und weiß sich dabei der Unterstützung der anderen Golfstaaten sicher. Um der Gefahr eines immer einflussreicheren und bedrohlicheren Iran zu begegnen, versucht Abdallah das Regime in Teheran bei der Bewältigung regionaler Probleme mit einzubeziehen. Nicht Konfrontation, sondern Kooperation ist der Grundgedanke dieser neuen arabischen Diplomatie. Sichtbar wurden diese Bemühungen nach Ende des Sommerkrieges 2006 zwischen Israel und der Hisbollah im Libanon. Sie waren darauf gerichtet, mit Hilfe des Iran die mehr als unsichere Lage im Lande zu stabilisieren, um die von Saudi-Arabien unterstützten libanesischen Sunniten nicht vollends der schiitischen Hisbollah auszuliefern. Später veranlasste König Abdallah ein Treffen zwischen Ali Laridschani, dem Abgesandten von Ajatollah Khamenei, dem allmächtigen Führer des Iran, und seinem eigenen Sicherheitsberater Prinz Bandar bin Sultan. Abdallah empfing sogar den iranischen Präsidenten Mahmud Ahmadinedschad in Riad. Schließlich umfasste der saudisch-iranische Dialog auch die Nuklearfrage. König Abdallah machte dem Iran und den anderen Golfstaaten den Vorschlag, eine gemeinsam betriebene Anlage zur Herstellung nuklearen Brennstoffs in einem neutralen Land wie der Schweiz zu errichten. Abdallah war von vorneherein klar, dass Teheran darauf nicht eingehen würde. Aber ihm kam es vor allem darauf an, zu signalisieren, dass die Länder der Region Fragen, die sie selbst betreffen, untereinander auf der Basis eigener Erwägungen klären sollen und nicht zu den Bedingungen der USA.

Die Golfstaaten haben sich entschieden, den Iran als integralen Bestandteil der Region zu behandeln, anstatt ihn zu isolieren oder konfrontativ mit ihm umzugehen. Sie trauen es den USA allein nicht mehr zu, die sich zuspitzenden Krisen in der Region einzudämmen. Sie hoffen auf eine Minderung der unmittelbaren Bedrohung durch die Einbindung Teherans. Und deshalb hat der saudische König den iranischen Präsidenten sogar persönlich zur Wallfahrt nach Mekka eingeladen.

Die neue Unabhängigkeit von den USA zeigte sich auch in der Palästinafrage. König Abdallah ignorierte Washingtons Bemühen, die militant-islamistische Hamas nach ihrem überraschenden Wahlsieg 2006 in den besetzten Gebieten zu isolieren und durch Wirtschaftssanktionen, die von der EU mitgetragen wurden, in die Knie zu zwingen. Ziel dieser Maßnahmen war es offensichtlich, dem palästinensischen Volk eine Lektion zu erteilen. Die Palästinenser sollten einsehen, dass eine Hamas-Regierung, die Israel nicht anerkennt, nicht regierungsfähig ist. Außerdem sollten sie spüren, dass sie ihre Stimme einer Bewegung gegeben hatten, die von den USA und den Europäern als Terrorbande betrachtet wurde. Zwar war die Hamas in der freiesten Wahl, die jemals in den palästinensischen Gebieten stattgefunden hatte, mit großer Mehrheit zum Sieger gekürt worden. Aber entscheidend für die Ablehnung der Hamas durch den Westen war die Weigerung der Islamisten, den Staat Israel formal anzuerkennen. Das ließ die demokratische Wahlentscheidung der Palästinenser in der westlichen Bewertung als irrelevant erscheinen. Auch die meisten arabischen Regimes waren nicht sehr glücklich über den Wahlsieg der Hamas. Schließlich handelt es sich um eine militante islamistische Organisation, die aus der ursprünglich in Ägypten entstandenen Muslimbruderschaft hervorgegangen ist. Also um genau jene politischen Kräfte, die sie in ihren eigenen Ländern unterdrücken.

Andererseits repräsentierte die teilweise in der Bevölkerung tief verwurzelte Hamas den palästinensischen Widerstand gegen die israelische Besatzungsmacht, während die einst überragende Nationalbewegung Al-Fatah seit dem Tod von Jassir Arafat immer mehr schwächelte und sich die korrupte alte Garde krampfhaft an ihre Privilegien klammerte. Der saudische König entschloss sich deshalb, die Palästinenser aus der Sackgasse zu führen und die verfeindeten Brüder in Mekka an einen Tisch zu bringen. Folgerichtig machte Abdallah sich daran, eine Koalitionsregierung zwischen den Islamisten und der säkularen Fatah zustande zu bringen. Im März 2007 bildeten Hamas und Al-Fatah dann eine Regierung der nationalen Einheit. Der Koalitionsvertrag enthielt den Hinweis, dass die Regierung alle Vereinbarungen respektieren werde, die die palästinensische Sammlungsbewegung PLO noch unter Arafat mit Israel geschlossen hatte. Dennoch versagten Israel, die USA und die EU der Koalitionsregierung kategorisch die Anerkennung. Obwohl erkennbar war, dass die Hamas nach dem Wahlsieg von der Ideologie der totalen Verweigerung allmählich abrückte, bestand Israel auf den Sanktionen, liquidierte weiterhin gezielt Hamas-Führer und steckte viele Parlamentsabgeordnete der Hamas einfach ins Gefängnis. Die USA stimmten dem israelischen Vorgehen ausdrücklich zu; die Europäer ließen Israel gleichermaßen gewähren.

Die palästinensische Koalition war nicht von langer Dauer. Gewiss haben dazu auch die Rivalität und das Misstrauen zwischen Al-Fatah und Hamas beigetragen. Aber entscheidend war, dass die Regierung der nationalen Einheit von Beginn an keine Chance hatte zu beweisen, dass die Hamas tatsächlich bereit und in der Lage war, eine neue Politik der Mäßigung in der Palästinafrage zu verfolgen. Stattdessen setzte Washington auch in Palästina unverändert auf Konfrontation und bewaffnete und trainierte die Sicherheitsdienste unter dem direkten Befehl des prowestlichen, aber schwachen Präsidenten Abbas von Al-Fatah. Abbas hat erheblich an Rückhalt in der Bevölkerung eingebüßt, weil seine gemäßigte Verhandlungslinie den Menschen keinerlei greifbare Friedensdividende im Alltag einbringt.

Während sich Abbas kompromissbereit zeigt, antwortet Israel mit harter Hand. Die Besatzungsarmee macht den Palästinensern ein normales Leben unmöglich. Dazu trägt der an vielen Punkten die israelische *Grenze* von 1967 überschreitende »Sicherheitszaun« bei, der oft, wie in Bethlehem, zu einer hohen Betonmauer gerät. Die »Anlage« zerschneidet arabisches Agrarland, macht palästinensische Dörfer unzugänglich und entzieht der Landbevölkerung nicht selten ihre Lebensgrundlage. Hunderte von Checkpoints zerstückeln das Westjordanland und verhindern nahezu jeden wirtschaftlichen Austausch. Schulwege, Fahrten zur Arbeit, zur Universität, zum Krankenhaus, selbst für Schwerkranke oder für kurz vor der Niederkunft stehende Mütter, werden behindert oder völlig blockiert. Gleichzeitig werden die jüdischen Siedlungen weiter ausgebaut, und militante Siedler zerstören ungestraft ganze Olivenhaine, oft jahrhundertealte Bäume, und die Ernten palästinensischer Bauern. Und das geschieht unter den Augen der israelischen Armee, die das Völkerrecht schlichtweg ignoriert.

Frei nach dem Grundsatz »Teile und herrsche« kehrten Israel und die USA nach dem Wahlsieg der Hamas den Spieß um: Während Jerusalem in den späten 1980er-Jahren die noch im Entstehen begriffene Hamas unterstützte, um Arafat und seine Fatah zu schwächen, ging es nunmehr darum, die weithin diskreditierte Fatah zu stärken. Ihre korrupten und fügsamen Führer sollten die religiösen Rivalen der Hamas stürzen und die in den Wahlen verlorene Macht mit Gewalt zurückerobern.

Wenig überraschend brachen in Gaza schon im Juni 2007 offene Kämpfe zwischen den Anhängern beider Organisationen aus. Präsident Abbas entließ Premierminister Haniya von der Hamas, obwohl er rechtlich dazu nicht befugt war. Die Hamas antwortete mit massiver und brutaler Gegengewalt auf den Putschversuch von Fatah und übernahm als einzige Macht die Kontrolle in Gaza. Damit war der kurze, aber blutige Bürgerkrieg, den die aggressive neokonservative Fraktion in Washington mit angezettelt hatte, vorbei, bevor er richtig begonnen hatte.

Die saudischen Bemühungen mussten somit scheitern. Die Folge war eine noch tiefere Feindschaft zwischen Hamas und Al-Fatah und die innerpalästinensische Teilung zwischen Gazastreifen und Westjordanland. Darüber hinaus hatten die Palästinenser keine funktionsfähige Regierung mehr, geschweige denn eine politische Führung, die für Palästina als Ganzes sprechen konnte. Verantwortlich dafür sind neben den Palästinensern selbst die USA, Europa und natürlich Israel.

Vor allem Amerika, aber auch die EU machten sich mit dieser Politik unglaubwürdig. Zuerst trommelten sie laut und unüberhörbar für Demokratie und freie Wahlen. Als in Palästina mit der islamistischen Hamas die »Falschen« frei gewählt wurden, stuften sie das Wahlergebnis kurzerhand als irrelevant ein, weil die Sieger nicht in ihr Konzept passten. Mehr noch: Sie folgten der Vorgabe Israels und beteiligten sich an der israelischen Wirtschaftsblockade des umzingelten Gazastreifens, die schließlich zu einer Belagerung wurde.

Die Golfstaaten halten indes an ihrem Standpunkt fest. Und das saudische Königshaus handelt unverändert in dem Bewusstsein, dass der Konflikt in Palästina nur geregelt werden kann, wenn die palästinensische Einheit wiederhergestellt ist. So schwer das auch sein mag. Darüber hinaus wollen die saudischen Herrscher dem Iran in Palästina den Wind aus den Segeln nehmen. Das kann nur gelingen, wenn dort eine Regierung der nationalen Einheit Bestand hat und die Hamas auf die arabische Friedensinitiative verpflichtet werden kann. Substanzielle arabisch-israelische Verhandlungen unter Beteiligung der Hamas würden den Iran als selbst ernannten Sachwalter der Rechte der Palästinenser an den Rand oder gar aus dem Spiel drängen.

Der saudische König will die arabischen Völker nicht der demagogischen Propaganda der iranischen Mullahs überlassen. Diese Hardliner wiegeln die Massen auf und fordern, Israel solle von der Landkarte verschwinden. Dem muss er eine Erfolg versprechende Politik entgegensetzen. Doch das kann der König nur, wenn die Menschen in der Region erkennen, dass die USA und Europa ein aufrichtiges Interesse an einer gerechten Friedenslösung in Palästina haben. Bis dahin ist es noch ein langer Weg.

Roadmap für Obama

An die Stelle der bellizistischen Konfrontationspolitik der Bush-Ära sollte – so die Hoffnung, die sich mit dem Einzug des neuen amerikanischen Präsidenten ins Weiße Haus verbindet – eine Politik treten, die den Schwerpunkt auf Diplomatie und Zusammenarbeit mit regionalen und internationalen Partnern legt. Das ideologisch bestimmte Schwarz-Weiß-Muster, in dem Verhandlungen mit dem Gegner als Beschwichtigung (»appeasement«) und Kompromisse als Niederlage disqualifiziert werden, dürfte von Barack Obama zu den Akten gelegt werden. Stattdessen ist eine lösungsorientierte, pragmatische Haltung zu erwarten. Dazu gehört der Dialog, auch wenn dessen Ausgang angesichts komplexer Konfliktlagen a priori offenbleibt. Amerika wird einen neuen Politikansatz finden müssen: mehr ernsthafte Diplomatie, weniger ideologisch geprägt, aber realistischer an den tatsächlichen soziokulturellen Verhältnissen in der Region orientiert.

Die amerikanische Philosophie, das Palästinaproblem

lasse sich mit Rücksicht auf Israel wie ehedem als *Konflikt auf kleiner Flamme* »verwalten«, ohne eine territorial auch für die Palästinenser akzeptable Lösung zu finden, trägt nicht mehr. Denn der *neue* Nahe Osten ist seit dem Feldzug gegen den Irak noch instabiler und gefährlicher als vor 2003. Das liegt gewiss auch daran, dass die planlose Vernichtung des Saddam-Regimes das relative Gleichgewicht der Kräfte am Persischen Golf zerstört hat. Und dass damit der Iran zur einflussreichsten Macht von der Levante bis zum Golf aufgestiegen ist, die in Palästina kräftig mitmischt. Hinzu kommt jedoch die wachsende Islamisierung der Politik, die mit dieser Entwicklung bis zu einem gewissen Grad verbunden ist. Der Wahlsieg der Hamas im Januar 2006 hat innerpalästinensische und dem Konflikt innewohnende Gründe. Er ist allerdings bis zu einem gewissen Grad auch das Ergebnis eines »islamischen Trends«, der in der ganzen Region zu verzeichnen ist.

Zwar sind die Golfstaaten mit ihren Bemühungen in Palästina vorerst gescheitert, weil sie den heftigen Widerstand von Amerika und Israel nicht brechen konnten. Aber dieser israelisch-amerikanische Erfolg war ein Pyrrhussieg, wie die spätere Eskalation und der darauf folgende Krieg in Gaza um die Jahreswende 2008/09 erkennen ließ. Die Hamas ging politisch gestärkt aus diesem Vernichtungsfeldzug hervor, in dessen Verlauf Israel und die islamistische Bewegung den hohen Blutzoll der palästinensischen Zivilbevölkerung in Gaza und die Zerstörung der zivilen Infrastruktur billigend in Kauf nahmen.

Im Libanon konnten die Golfstaaten mit ihrer Politik des Dialogs und der diplomatischen Vermittlung jedoch punkten. Für Präsident Bush war der Libanon ein Schlachtfeld, auf dem sich das *Gute* und das *Böse* gegenüberstanden. Das *Gute* repräsentierten die prowestliche Regierung und die prowestliche »Allianz des 14. März«. Diese Allianz sunnitischer, christlicher und drusischer Politiker war nach der Ermordung des libanesischen Tycoons Rafik Hariri im Februar 2005 entstanden. Der sunnitische Milliardär, der sein Geld als Baulöwe in Saudi-Arabien gemacht hatte, war viele Jahre die bestimmende Figur der libanesischen Politik und ein enger Vertrauter der saudischen Königsfamilie. Während seiner Amtszeit als Premierminister hat Hariri problemlos mit Syrien kooperiert, bis Damaskus ihn zu einer syrischen Marionette degradieren wollte. Als Hariri sich dem widersetzte, wurde er bei einem generalstabsmäßig geplanten Bombenanschlag mit seinem gesamten Konvoi in die Luft gejagt. Seither vermuten nicht nur die Anhänger Hariris die syrische Führung hinter dieser Bluttat. Die Hintergründe des Verbrechens sollen in einem Verfahren vor dem UN-Tribunal in Den Haag aufgeklärt werden.

Die Kräfte des *Bösen* waren die islamistische Hisbollah und ihre Förderer, der Iran und Syrien. Das simple Gegensatzpaar *Demokratie* und *Extremismus* sollte die amerikanische Libanonpolitik in die Sackgasse führen.

Kurzfristig schien Präsident Bush mit seiner Linie allerdings Erfolg zu haben. Nach der Ermordung Hariris schwappte eine Welle nationaler Empörung über das Land. Besonders junge Libanesen, Christen wie Muslime, demonstrierten wochenlang gegen die syrische Macht im Libanon und verlangten den Abzug der syrischen Truppen. Gleichzeitig erhöhte sich der internationale Druck auf Damaskus. Einschlägige Resolutionen des UN-Sicherheitsrates ließen Damaskus schließlich keine andere Wahl, als die Soldaten im April 2005 abzuziehen. Damit war die syrische Besatzungszeit im Libanon zu Ende. Sie währte 29 lange Jahre (seit 1976). Es war ein Triumph des Patriotismus über den sonst herrschenden sektiererischen Konfessionalismus im Lande.

Doch die Freude der Libanesen währte nicht lange. Kaum waren die Stimmen der Parlamentswahlen vom Mai/Juni 2005 ausgezählt, gerieten die patriotischen Gefühle in Vergessenheit. Wiederum taten sich tiefe Gräben auf, die Anhänger und Führer konkurrierender Glaubensbekenntnisse – wie schon seit Jahrzehnten – entzweiten. Innerchristliche und innermuslimische Gegensätze prägten das Gezerre um Kabinettsposten und die Fleischtöpfe der Macht. Ebenso wie historisch neue christlich-islamische Allianzen, bei denen Bürgerkriegsgegner von einst der erstaunlichen Koalition zwischen dem christlichen Armeegeneral Michel Aoun und der schiitischen Hisbollah in offener Feindschaft gegenüberstanden. Das entbehrte nicht der Ironie: Hatte doch der ehemalige Armeechef Aoun, bevor er sich mit Hilfe Frankreichs ins Exil rettete, für die *Freiheit der Libanesen* gegen die Syrer gekämpft, die damals wie heute mit der proiranischen Hisbollah verbunden waren. In dieser unübersichtlichen Gemengelage libanesischer Politik konnte man seriöserweise nicht mehr vom Kampf zwischen *Demokratie und Extremismus* sprechen. Denn alle Rivalen wollten nur eines: an die Macht kommen. Dennoch hielt Präsident Bush an dem simplen Gegensatz »Gut gegen Böse« fest und manövrierte sich damit in die Sackgasse.

Für die von ihm gestützte, aber schwache libanesische Regierung verringerte sich durch den Sommerkrieg 2006 zwischen der Hisbollah und Israel der Handlungsspielraum noch weiter. Da Israel an seinem Anspruch gemessen, die Hisbollah militärisch zu unterwerfen, den Krieg nicht mit einem klaren Sieg beenden konnte, ging die vom Iran gut trainierte und mit modernen Waffen ausgestattete Schiitenmiliz erfolgreich aus diesem Konflikt hervor. Ihr Führer Hassan Nasrallah wurde von den arabisch-islamischen Massen als großer Feldherr gefeiert, der Israel erfolgreich die Stirn geboten habe. Schnell wurde daraus im Überschwang der Gefühle ein »überwältigender Triumph« von Hisbollah, der allerdings auch in Israel selbst als Niederlage empfunden wurde.

Der *psychologische Sieg* der Hisbollah bestand darin, dass Israel in den Augen vieler Araber seine Abschreckungskraft als stärkste Militärmacht in der Region zu einem guten Teil eingebüßt hatte. Eingedenk dieses Erfolges forderte Hisbollah ein größeres Mitspracherecht am Kabinettstisch. Als die prowestliche Regierung das ablehnte, verließ die Hisbollah die Regierung und machte sie damit quasi entscheidungsunfähig. Der Boykott paralysierte die gesamte Politik im Libanon und verschärfte sich zusätzlich, als das Mandat des Staatspräsidenten auslief und das Parlament wegen des Boykotts der Opposition keinen neuen Präsidenten wählen konnte.

Die arabischen Golfstaaten versuchten im Verlauf der Krise immer wieder erfolglos, zwischen den Kontrahenten zu vermitteln. Die USA indes beharrten unbeirrt auf ihrem Standpunkt und rieten der Regierung, sich den Forderungen der Hisbollah nicht zu beugen. Im

Mai 2008 schließlich kam es zu bürgerkriegsähnlichen Zusammenstößen zwischen Regierung und Hisbollah. Innerhalb kürzester Zeit überrannten die Hisbollah-Kämpfer ganze Stadtteile von Beirut, besetzten die Büros der Regierungsparteien und stürmten dann auch deren Fernsehstudios. Nachdem Hisbollah eindrucksvoll seine militärische und organisatorische Überlegenheit und damit seinen Anspruch als »Staat im Staate« demonstriert hatte, zogen sich die schiitischen Milizionäre wieder zurück.

Die gefährlich zugespitzte Lage im Libanon veranlasste die arabischen Golfstaaten unverzüglich zu intervenieren. Sie legten ihr ganzes Gewicht in die Waagschale und vermochten es, die verfeindeten Parteien in Doha, der Hauptstadt von Katar, zu versammeln. Der Premierminister des Emirats übernahm die führende Vermittlerrolle bei den Verhandlungen, die von großen Spannungen geprägt waren. Nach mehreren Tagen intensivster Auseinandersetzungen wurde eine Übereinkunft erreicht. Die Vereinbarung umfasste die Bildung einer Regierung der nationalen Einheit, bei der die Minister der Hisbollah elf der 30 Kabinettsposten und somit das verlangte Vetorecht in allen wichtigen Entscheidungen erhielten. Die Parteien einigten sich zudem auf ein neues Wahlgesetz für die Parlamentswahlen 2009 und darauf, ohne Verzögerung einen für alle Seiten akzeptablen Präsidenten zu wählen. Die getroffene Vereinbarung führte alsbald zur Wahl von Michel Suleiman, der zuvor die libanesische Armee mit großer Umsicht und überparteilich geführt hatte.

Es ist vielfach gesagt worden, die Regelung von Doha sei ein Sieg für die Hisbollah. Aber bei näherem Hinsehen wird deutlich, dass die Vereinbarung nichts anderes als die Wirklichkeit abbildet. Die tatsächlichen Stärken und Schwächen beider Fraktionen spiegeln sich in dem Vertrag wider. Der Hisbollah ist dadurch keinesfalls mehr Macht eingeräumt worden, als sie schon besaß und bei den Straßenkämpfen von Beirut unter Beweis gestellt hatte. Andererseits brachte die Vereinbarung zum Ausdruck, dass die Hisbollah trotz ihrer militärischen Potenz nicht in der Lage ist, den Libanon allein zu regieren – sie ihre Macht also nur im Rahmen einer nationalen Koalitionsregierung in praktische Politik umsetzen konnte.

Das Abkommen von Doha ist ein bemerkenswerter Erfolg der arabischen Golfstaaten. Ihre kluge Diplomatie entlarvte die ausweglose Politik, an der Präsident Bush seit 2005 festgehalten hatte, obwohl sie den Libanon nicht aus der Sackgasse führen konnte. Das war nichts weniger als eine blamable Niederlage, die Amerikas Verlust an politischem Einfluss in der Region in seiner ganzen Tragweite herausstellte.

Als die Golfaraber im Sommer 2008 darangingen, die gespannten Beziehungen mit Syrien wieder zu verbessern, und der syrische Präsident Baschar al-Assad die Vereinigten Emirate und Katar besuchte, geschah auch dies zum großen Missvergnügen der USA. In Washington, wo man Syrien unbeirrt zur *Achse des Bösen* zählte und das syrische Regime in der Kälte der Isolation und Missachtung belassen wollte, mussten die neokonservativen Ideologen dann noch einen weiteren schmerzhaften Prestigeverlust hinnehmen. Gegen den ausdrücklichen Willen der amerikanischen Regierung begab sich sogar der engste Verbündete Israel auf regionale Abwege und begann mit türkischer Vermittlung indirekte Friedensgespräche mit Syrien.

Das war eine weitere Bestätigung für das Scheitern der amerikanischen Nahost-Strategie in der Bush-Ära. An dieser Bewertung kann auch die gegen Ende der Bush-Regierung (2007/08) vorgenommene Änderung des politischen Stils nichts mehr ändern. Sie rückte von der totalen Konfrontation gegenüber ihren erklärten Feinden Iran und Syrien ab und verhielt sich etwas moderater. Das erweckte den Eindruck, als sollte die aggressive Politik der letzten Jahre in ihren Folgen etwas abgemildert werden. An dem in der Region angerichteten Schaden änderte das nichts.

Für die in Amerika angebrochene »neue Epoche« unter Präsident Barack Obama folgt daraus die Notwendigkeit, auf den Trümmern der Bush-Politik einen wirklichen Neuanfang zu wagen. Nur so lassen sich Glaubwürdigkeit, Ansehen und Einfluss der Vereinigten Staaten in der Region wiederherstellen.

Das neue Selbstbewusstsein und die neue außenpolitische Unabhängigkeit der arabischen Golfstaaten sollte man in Washington als Chance begreifen, um gemeinsam und auf Augenhöhe die großen Probleme in der Region einer Lösung zuzuführen. Denn allein aus eigener Kraft war Amerika dazu bisher nicht in der Lage und wird dies auch künftig nicht sein.

Die Vereinigten Staaten sind nicht mehr die einzig dominierende Macht im Nahen Osten. Herausgefordert vom Iran, militärisch gebunden in zwei Kriegen im Irak und in Afghanistan und politisch geschwächt durch den in der Bush-Ära erlittenen Ansehensverlust, braucht Amerika regionale Partner, um den *neuen* Nahen Osten zu stabilisieren. Aber auch die Europäer und schließlich China und Russland müssen mittun, um eine regionale Sicherheitsarchitektur zu gestalten.

Eine Region in Unordnung

Mit dem Fall des Osmanischen Reichs am Ende des Ersten Weltkriegs (1914–1918) glaubte das Britische Empire, eine stabile Ordnung im Nahen Osten zu seinem geopolitischen und ökonomischen Vorteil errichten zu können. Doch Britannien scheiterte aus verschiedenen Gründen. Dazu gehörte der Umstand, dass London nicht allein mit einem Mandat des Völkerbunds (1922) ausgestattet war, sondern die Einflusszonen in der Region mit Frankreich teilen musste. Die andere europäische Kolonialmacht behinderte den Ehrgeiz Britanniens, das sich zudem dem Wiedererstarken der Türkei gegenübersah. Der Widerstand und die Unruhen gegen die imperialistische Fremdherrschaft im Irak, in Palästina und in Ägypten taten ein Übriges. Schließlich musste London auch angesichts seines schwindenden internationalen Einflusses als schwächelnde Weltmacht seine Pläne begraben.

Nach dem Zweiten Weltkrieg (1939–1945) versuchten die Vereinigten Staaten, dem Nahen Osten ihre Ordnungsvorstellungen durch den Bagdad-Pakt (1955) zu oktroyieren. Aber Amerika scheiterte damit an der Sowjetunion und dem ägyptischen Führer Gamal Abdel Nasser. Nasser selbst schien kurzzeitig in der Lage, eine neue arabische Ordnung aufzubauen. Deren Fundament, die Staatenunion zwischen Ägypten und Syrien, war jedoch nicht von langer Dauer. Im Kalten Krieg standen sich die jeweils von Washington und Moskau beeinflussten Lager in der Region gegenüber. Das steckte die Einflusszonen ab und bestimmte den Status quo im Nahen Osten.

Nach dem Zusammenbruch der Sowjetunion (1990/91) schob sich Amerika mit dem Kuwait-Krieg gegen Saddam Hussein wieder in den Vordergrund. Allerdings ging Washington erst nach dem 11. September 2001 mit Verve in die Offensive, um die Länder in der Region in eine völlig neue staatliche Ordnung zu pressen und sie geopolitisch allein an den eigenen Interessen auszurichten. Doch die Vorstellung, die USA werde mit Krieg oder durch quasi erzwungene Wahlen die alten Regimes beseitigen, um dann neue, prowestliche Eliten an die Macht zu bringen, erwies sich als Chimäre angesichts der vielschichtigen Verhältnisse im Land von Euphrat und Tigris.

Die von manchen angeführte Analogie mit der historischen Situation am Ende des Zweiten Weltkriegs erwies sich als untauglich. Statt – wie nach dem Triumph über das Naziregime in Deutschland und die chauvinistisch-militaristische Elite in Japan – dauerhaft Demokratie und Marktwirtschaft zu etablieren, scheiterten die USA mit ihren anspruchsvollen Plänen an der arabisch-islamischen Wirklichkeit. Die militärische Potenz der USA konnte nichts daran ändern, dass Wahlen zu *falschen* Ergebnissen führten, die das amerikanische Konzept durchkreuzten. Nicht prowestliche Eliten machten das Rennen, sondern den USA feindlich gesinnte Kräfte, wie die Hamas in Palästina. In manchen Ländern schwächten Wahlen proamerikanische Regime und stärkten deren ideologische Widersacher wie die Moslembrüder in

Ägypten, die in großen Teilen der ägyptischen Gesellschaft tief verwurzelt sind.

Die *freedom agenda*, die George W. Bush den autokratischen arabischen Regimes im Rekordtempo aufzwingen wollte, scheiterte. Und das »Programm zur Förderung der Demokratie« verschwand sang- und klanglos in den Schubladen der neokonservativen Planer. Von dort war es hervorgeholt worden, nachdem sich im Irak weder Massenvernichtungswaffen fanden noch die Behauptung aufrechtzuerhalten war, Saddam habe bei den Anschlägen vom 11. September mit al-Qaida unter einer Decke gesteckt. Deshalb musste in Washington eine andere öffentliche Rechtfertigung für die Invasion im Irak gefunden werden: die »Demokratisierung« nach der Beseitigung des repressiven Saddam-Regimes.

Wer führt die arabische Welt?

Je deutlicher das Scheitern der USA im Nahen Osten sichtbar wurde, desto offener strebten regionale Mächte wie der Iran danach, eine panislamische Führungsrolle in der arabischen Welt zu übernehmen. Trotz der überkonfessionellen Identität, die das Regime in Teheran sich gerne zuweist – wobei sie das arabische Publikum im Auge hat –, bleibt der Iran ein schiitisches Land. Das aber wirkt sich auf die bestehenden Spannungen zwischen Sunniten und Schiiten in der Region aus. Immerhin sind davon nicht nur der Irak und der Libanon betroffen, sondern auch Kuwait, Bahrain und Saudi-Arabien. Dem Ehrgeiz des schiitischen Klerus steht zudem der historische Gegensatz zwischen Arabern und Persern immer noch im Wege.

Auch wenn es für eine bestimmende Führungsrolle des Iran im arabischen Lager (noch) nicht ausreicht, so übt das iranische Regime doch ganz erheblichen, ja oft entscheidenden Einfluss im Irak, im Libanon, in den palästinensischen Gebieten und, auf eine spezifische Weise, in Syrien aus. Das wiederum sehen Irans sunnitische Rivalen in Saudi-Arabien und den Vereinigten Emiraten ebenso wie in Ägypten und in Jordanien mit sehr gemischten Gefühlen.

Angesichts des irakischen Dilemmas nach dem Ende Saddams ist Saudi-Arabien widerwillig die aktiv führende arabische Macht am Golf geworden. Den Anspruch Teherans vor Augen, sah sich König Abdallah genötigt, die herkömmliche außenpolitische Zurückhaltung aufzugeben. Er versuchte seinerseits, eine neue *arabische Staatenordnung* in der Region zu schaffen. Der Iran sollte in diese Struktur nicht miteinbezogen werden, allerdings als großer Nachbar jenseits des Persischen Golfs in gutnachbarliche Beziehungen eingebunden sein.

Diese arabische Ordnung sollte unter saudischer Führung ein freundschaftliches Verhältnis zu den USA beinhalten und gleichzeitig das Bemühen, Frieden mit Israel zu schließen. Und zwar, entsprechend der arabischen Friedensinitiative von 2002, auf der Grundlage des Prinzips »Land gegen Frieden«. Das saudische Königshaus betrachtet sich als »Hüter der Heiligen Stätten« in Mekka und Medina und als Bewahrer des sunnitischen Islam. Die arabische Staatenordnung sollte eine starke sunnitische Identität haben und möglichst die Türkei und Pakistan – mehrheitlich sunnitische Länder – als regionale Verbündete miteinbeziehen. Der ausdrücklich sunnitische Charakter der arabischen Ordnung sollte als Grundlage der Selbstvergewisserung dienen. Anders als in der Vergangenheit aber, als viele streng orthodox-sunnitische Regime die Schiiten eher als Ketzer denn als Brüder im Glauben behandelten, wollte König Abdallah den Forderungen der Schiiten nach Gleichbehandlung in seinem Reich und in der gesamten Region entgegenkommen.

Die Nöte der Schiiten in der arabischen Welt nicht nur als solche anzuerkennen, sondern ihnen auch abzuhelfen, ist ein historischer Schritt. Die Einsicht entspringt nicht nur der Vernunft des frommen Königs in Riad, sondern ergibt sich auch aus der Notwendigkeit, dem schiitischen Iran im eigenen Land und darüber hinaus keine Angriffsfläche zu bieten. Damit handelt sich Abdallah zu Hause wohl den Unmut der Hardliner im mächtigen religiösen Establishment ein. Doch angesichts der Gefahr, die aus Teheran drohen könnte, muss der König von Saudi-Arabien den wahhabitischen Falken im Innern entgegentreten, die eine erzkonservativ-dogmatische Richtung des sunnitischen Islam vertreten.

Abdallahs Bemühungen tragen bisher nur wenige Früchte. Die Türkei und Pakistan zeigten ihm mehr oder weniger die kalte Schulter. Zwar brachte er es fertig, sein Land, die Emirate, Ägypten und Jordanien näher zusammenrücken zu lassen und den ihnen nahestehenden bedrängten Fraktionen im Libanon und in Palästina beiseitezustehen. Aber in der strategisch bedeutsamen Frage, wie die sunnitischen Araber mit dem im Irak entstehenden neuen System verfahren wollen, fehlt ein Konzept, das sie befähigt, auf die iranische und die amerikanische Politik im Irak reagieren zu können.[13]

Die Anschläge des 11. September 2001 durch Osama bin Laden und al-Qaida bedeuteten ein Ereignis von historischer Tragweite für die Dschihadisten. Der Massenmord gab der Bewegung der islamistischen Extremisten in der ganzen islamischen Welt einen enormen Auftrieb. Der kurz darauf von den USA herbeigeführte Sturz der Taliban und die Besetzung Afghanistans versetzte al-Qaida zwar einen fast vernichtenden Schlag. Aber die weitreichende Propagandawirkung der Terrorakte wurde dadurch nicht beeinträchtigt. Der *Dschihad* im Stil von al-Qaida hatte seine Reichweite und seine Effektivität erwiesen. Trotz der empfindlichen Schläge, die die Terroristen des Dschihad hinnehmen mussten, ist die Ideologie unverändert attraktiv für junge hasserfüllte Muslime, die in Amerika und dem Westen ihre Todfeinde sehen. Dazu hat die Invasion des Irak 2003 und die darauf folgende Besatzung des Landes durch amerikanische Truppen erheblich beigetragen. Die Präsenz der fremden Armee im Herzen der arabischen Welt führte zu einem Wiederaufflammen antikolonialistischer Gefühle, deren Ursprung Jahrzehnte zurückliegt. Die emotionale Abwehrreaktion gegen das »große Imperium« ging einher mit Parolen gegen die modernen *Kreuzfahrer*, die einer Rhetorik entstammen, die tief im historischen Bewusstsein der Muslime verankert ist und heute zu den Standardformulierungen der Propagandavideos von Osama bin Laden und seinesgleichen gehören.

Mit dem 11. September verfolgte al-Qaida das strategische Ziel, Amerika und den Westen in einen offenen Krieg mit der islamischen Welt hineinzuziehen, um so die Bedingungen für eine Welle islamistischer Aufstände zu schaffen. Als historisches Vorbild dienten dabei die antikolonialistischen Revolten in der ersten Hälfte des 20. Jahrhunderts. Osama bin Laden wollte jene Regimes stürzen, die mit den USA verbündet sind, und auf diesem Wege eine neue Ordnung in der islamischen und arabischen Welt installieren. Die Gesellschaften in dieser *neuen Ordnung* sollten auf einem militanten Islam striktester Form fußen. Ihre Außenpolitik sollte uneingeschränkt antiamerikanisch und gegen Israel gerichtet sein.

Obwohl al-Qaida in Afghanistan zurückgedrängt wurde und Zuflucht im Grenzgebiet zu Pakistan suchen musste, gelang es den Dschihadisten nach der amerikanischen Invasion des Irak, in vielen arabischen Ländern Fuß zu fassen. Es war der Krieg im Irak, der es al-Qaida ermöglichte, sich dort breitzumachen, wo sie früher von Saddam Hussein zermalmt worden wären. Freiwillige aus der arabischen und islamischen Welt zog es nun in den Irak, um im *Heiligen Krieg* die ungläubigen Invasoren wieder von der islamischen Erde zu vertreiben.

Der Irak diente den Dschihadisten als öffentliche Bühne, um über die Satellitenkanäle ihre Ideologie und ihr krudes Heilsversprechen in Saudi-Arabien, im Libanon, in Jordanien und in Palästina zu verbreiten. Jahrelang waren die Dschihadisten im Irak der gefährlichste Gegner der Amerikaner und auch der Schiiten, und ihr Zulauf aus den arabischen Nachbarstaaten schien nicht abzureißen.

Erst die Kehrtwendung der sunnitischen Stämme, die »al-Qaida im Irak« geduldet oder sogar unterstützt hatten, um die neue Macht der Schiiten zu schwächen, brachte die Dschihadisten in die Defensive. Die *Gottes-*

krieger hatten es auf brutalste Art und Weise darauf angelegt, die sunnitische Bevölkerung unter ihre ideologische Knute zu bringen und ihr eine Art Talibanregime aufzuzwingen. Diesen menschenverachtenden Fanatismus wollten die sunnitischen Stammesführer schließlich nicht mehr hinnehmen. Sie verbündeten sich für gute Dollars mit der US-Armee, den vorherigen Feinden, um gemeinsam mit ihnen die Dschihadisten zurückzudrängen.

Die überragende Rolle von al-Qaida im Irak war zeitlich begrenzt. Das lag nicht nur am Seitenwechsel der sunnitischen Stämme, sondern auch daran, dass die Regimes in Syrien, im Iran und in Saudi-Arabien erkannten, wie gefährlich die Dschihadisten ihnen selbst werden konnten. Nachdem sie die Terroristen eine geraume Zeit hatten gewähren lassen, weil sie glaubten, sie könnten al-Qaida im Irak zu ihrem jeweiligen Vorteil instrumentalisieren, gingen sie schließlich gegen sie vor. Das war vor allem in Jordanien und in Saudi-Arabien der Fall. Aber auch die libanesische Armee zahlte einen hohen Blutzoll im Kampf gegen Dschihadisten, die sich in der nordlibanesischen Hafenstadt Tripolis in einem dicht besiedelten Palästinenserlager eingenistet hatten.

Es ist bemerkenswert, dass es al-Qaida nicht gelungen ist, in der arabischen Welt breitere Schichten für ihre *Ideologie* zu gewinnen. Die meisten Araber und frommen Muslime wenden sich ab, weil sie die grausamen Methoden der Dschihadisten und ihren fanatischen Extremismus ablehnen. Das heißt nicht, dass die Gotteskrieger in den arabischen Gesellschaften von der Bildfläche verschwinden. Sie werden weiterhin kleine Kader- und Kampfzellen aktivieren können, die sich durch große Brutalität auszeichnen. Mit anderen Worten, die Dschihadisten bleiben präsent als gefährliche

Terroristen, aber gesellschaftlich betrachtet haben sie eine marginale Bedeutung im Vergleich zu den gemäßigten islamistischen Bewegungen und Parteien.

Deshalb ist es unwahrscheinlich, dass al-Qaida die Idee einer militant-islamistischen staatlichen Ordnung für die sunnitischen Araber verwirklichen kann. Dennoch ist die Rolle der Dschihadisten im Irak noch nicht ausgespielt. Ebenso wenig lässt sich ausschließen, dass sie in Afghanistan und in Pakistan, wo sie immer noch präsent sind, auch künftig den Gang der Dinge mitbeeinflussen können. Die Terrorangriffe im Nahen Osten, in Asien und in Europa unterstreichen die operativen Fähigkeiten des Dschihadismus und die Gefahr, die von ihm ausgeht.

Die komplexe Wirklichkeit

Aus alledem wird deutlich, dass das prekäre Machtgleichgewicht im Nahen Osten, das seit dem Ende der 1990er-Jahre Bestand hatte, nach dem 11. September 2001 dahin war. An die Stelle des fragilen Status quo trat eine äußerst spannungsreiche Unordnung, die voller Sicherheitsrisiken steckt. Rivalisierende Regionalstaaten begegnen einander mit gehörigem Misstrauen und ideologischer Feindseligkeit, und von diesen unterschwelligen Spannungen in der Region wird das aktuelle Verhalten der konkurrierenden Mächte zwischen dem östlichen Mittelmeer und dem Persischen Golf bestimmt.

Das von Israel im Gazakrieg 2008/09 über die dortige Zivilbevölkerung gebrachte Leid, der tausendfache Tod und die gezielte Zerstörung der Lebensgrundlagen der Menschen haben die Spaltung der Araber wieder ins Rampenlicht gerückt. Die arabische Welt ist wieder einmal uneins über den *richtigen Umgang* mit Israel angesichts des Schicksals der unter der Besatzung lebenden Palästinenser, die ihrerseits in extremistische und pragmatische Fraktionen zerfallen. Wieder einmal reckt sich die »Ablehnungsfront«, in der Syrien mit dem Iran vereint ist, mit Hamas und Hisbollah an ihrer Seite. Wieder einmal steht die Allianz der *gemäßigten* Araber dagegen. Bemüht, dem Iran den Triumph zu verwehren, die empörten arabischen Massen auf seine, die *persische* Seite zu ziehen, übt sich der saudische König in politischen Drohgebärden gegenüber Israel. Großzügige Hilfsversprechen für die gepeinigten Palästinenser von Gaza folgen im nächsten Atemzug. Die Hamas aber soll nicht durch Iran und Syrien zum »moralischen« Sieger des Krieges erklärt werden können, den die militant-islamistische Organisation aus saudischer und ägyptischer Sicht mit zu verantworten hat. Israel soll trotz allem noch die Chance behalten, mit den Arabern »Land gegen Frieden« zu tauschen, wenn auch dieses Angebot »nicht ewig« auf dem Tisch bleibe, wie der saudische Monarch es ausdrückt.

Zugleich spielt das schwerreiche Emirat Katar zum Verdruss der Saudis und Ägypter die undurchsichtige Rolle eines halben Partners der »Ablehnungsfront«. Einerseits Standort der größten US-Militärbasis am Golf, unterstützt Katar andererseits militante Gruppen in der Region und pflegt doch auch Handelsbeziehungen mit Israel. Außerdem finanziert der katarische Emir den Satellitenkanal Al-Jazeera, dessen Korrespondent Millionen von Arabern mit Bildern und Berichten über Tod und Zerstörung in Gaza versorgte.

Die Tatsache, dass die palästinensische Hamas stolz darauf verweist, ein Arm der supranationalen Muslimbruderschaft zu sein und ihr Regime in Gaza als Teil des »großen islamischen Projekts«[14] im Nahen Osten ansieht, ist dem Emir von Katar nicht neu. Doch scheint er unschlüssig, welche arabische Reaktion angemessen ist, wenn es um die israelische Besatzung als »Quelle des Übels«[15] geht. Vor allem angesichts der Tatsache, dass Israels Besatzungspolitik als Nebenprodukt die islamistische Radikalisierung in der Region fördert. Das offenbar vorläufige Einfrieren der Handelsbeziehungen zu Israel vonseiten Katars erweckt eher den Eindruck von Ratlosigkeit.

So weit eine Momentaufnahme des Zustands, in dem sich die Region im Januar 2009 befindet. Vom Irak und seinen Problemen ist dabei noch nicht einmal die Rede. Auch nicht vom Libanon und von Syrien oder der Türkei und der Kurdenfrage. Vom Iran als potenzieller Atommacht ebenso wenig. Allerdings ist die »arabische Krankheit« ein chronisches Leiden, das lange vor der Entstehung der nahöstlichen *Unordnung* ausgebrochen ist. Einigen der arabischen Herrscher scheint jedoch allmählich zu dämmern, dass die Spaltung nicht nur die arabische Impotenz gegenüber Israel perpetuiert, sondern auch den ehrgeizigen Ambitionen des Iran erheblichen Auftrieb verleiht und die islamistischen Bewegungen in den eigenen Ländern stärkt. Der Krieg in Gaza und die hierdurch ausgelösten Erschütterungen in der Region haben gezeigt, von welch zentraler Bedeutung das Schicksal der Palästinenser für die meisten Araber unverändert ist.

Führer wie der saudische König Abdallah wissen nur zu genau, dass große Worte und Gefühlsausbrüche eine nüchterne und realistische Politik nicht ersetzen können. Abdallah weiß aber auch, dass die Region niemals zur Ruhe kommen wird, wenn die Palästinenser ohne souveränen Staat bleiben.

Gaza hat den Arabern die Notwendigkeit größerer Einigkeit in aller Klarheit vor Augen geführt. Nur vereint können sie den Palästinensern zu einem Staat verhelfen und den palästinensischen Spaltpilz unschädlich machen. Nur mit einer starken Stimme werden die Araber in der Welt als ernst zu nehmende Kraft respektiert.

Politische und ideologische Differenzen trennen die Araber. Sie müssen beiseitegeräumt werden, wenn das übergeordnete gemeinsame Interesse an einer nachhaltigen Stabilisierung der Region durchgesetzt werden soll. Nur so ist die arabische Welt mit ihren 320 Millionen Menschen aus ihrer wirtschaftlichen und kulturellen Stagnation zu lösen.

Arabische Staaten haben 2,5 Trillionen US-Dollar durch die globale Finanzkrise verloren.[16] Obwohl sie über einen erheblichen Teil der Weltenergiereserven verfügen, fließen nur 4,6 Prozent des internationalen Investmentkapitals in den arabischen Wirtschaftskreislauf. Mit über 20 Millionen Arbeitslosen und einer erschreckend hohen Zahl von Analphabeten – mehr als ein Drittel aller Araber über 15 Jahre können nicht lesen und schreiben – hält die arabische Welt einen regionalen Negativrekord. Die ökonomischen und sozialen Probleme sind drängend und verlangen unverzüglich nach Abhilfe. Das ist umso notwendiger, als die islamistischen Parteien mit ihren sozialen Hilfsdiensten und ihren Bemühungen im Bildungswesen – von der Kinderkrippe bis zu *islamischen Hochschulen* – genau dort aktiv sind, wo die arabischen Regimes mit ihrer Klientelpolitik versagen, nämlich beim Kleinbürgertum und Teilen des Mittelstands. Eine der Ursachen, warum die Hamas in Palästina und die Hisbollah im Libanon zu Massenbewegungen wurden, liegt hierin begründet.

Amerika und die Konfliktfelder der Region

Die strategischen Interessen der USA im Nahen Osten sind seit Jahrzehnten auf zwei Ziele gerichtet: den freien Zugang zum arabischen Öl und den Schutz des Staates Israel. Seit dem 11. September 2001 ist Amerika zudem darauf konzentriert, dem Terrorismus zu begegnen, der aus der Region heraus agiert. Der *Krieg gegen den Terror,* der in der Bush-Ära geführt wurde, war im Kern auf militärische und geheimdienstliche Operationen beschränkt.

Die politische Dimension des Problems blieb dabei im Grunde unberücksichtigt. Doch ereignet sich Terror nicht im politikfreien Raum, sondern ist in der Regel auf *politische Ursachen* im weiteren Sinne zurückzuführen. Das lehrt schon ein kurzer Blick in das nahöstliche Geschichtsbuch. Die Kommandos der militanten palästinensischen Gruppen in den 1970er-Jahren glaubten, ihre Gewaltakte – wie die Geiselnahme wehrloser Flugzeugpassagiere – brächten sie der Befreiung ihrer Heimat Palästina näher. Die Kommandos der militantzionistischen Irgun oder der jüdischen Sterngruppe verübten vor 1948 Terroranschläge gegen die britische Mandatsmacht Palästina oder gegen arabische Dörfer und sahen sich dabei als patriotische Freiheitskämpfer auf dem Weg zur Gründung des Staates Israel.

Ob der Terrorismus im *neuen* Nahen Osten auch

künftig den Humus findet, um zu gedeihen, hängt auch von der weiteren Politik der USA im Irak und der amerikanischen Haltung im israelisch-palästinensischen Friedensprozess ab. Denn der Terrorismus einer kleinen Zahl von Extremisten ist nicht zuletzt eine Reaktion auf die bisherige amerikanische Nahostpolitik, die die meisten Araber abschätzig und als feindlich betrachten.[17]

Nüchtern betrachtet, kann Amerika seine Kerninteressen nur erfolgreich schützen, wenn es die brennenden Probleme zwischen dem östlichen Mittelmeer und dem Persischen Golf anpackt.[18] Dazu gehört der abgestufte Abzug der US-Armee aus dem Irak, ohne dort ein unregierbares Land zurückzulassen. Im israelisch-palästinensischen Konflikt sollte Amerika versuchen, die Sorgen und Nöte beider Seiten zu berücksichtigen. Also nicht nur die von Israel reklamierten »Sicherheitsinteressen« in den Blick zu nehmen, sondern auch das unbestreitbare Recht der Palästinenser auf Selbstbestimmung. Anders ausgedrückt: Amerika darf das Verhalten der Konfliktparteien nicht mehr mit zweierlei Maß messen. Die fest verankerte Sonderbeziehung zwischen Amerika und Israel macht das sehr schwer, aber ein Rollenwechsel weg von einseitiger, blinder Parteinahme ist unverzichtbar.

Ein Auftreten als »ehrlicher Makler« bei der Suche nach einer Lösung des Kernkonflikts wäre ideal. Es erscheint unabdingbar, wenn Amerika die in der Bush-Ära verlorene Glaubwürdigkeit zurückgewinnen will. Das entspräche auch den Interessen der USA in der Region, die erkennbar über die amerikanisch-israelischen Beziehungen hinausreichen. Doch sind auch jene US-Regierungen, die nicht, wie in der Bush-Ära, ideologisch festgelegt waren, seit 1967 im Laufe ihrer Amtszeit immer wieder in die Rolle des »parteiischen Vermittlers« zurückgefallen. Damit war in Washington innenpolitisch einfach leichter umzugehen angesichts der proisraelischen Haltung des Kongresses und der einflussreichen Pro-Israel-Lobby in den USA. Dennoch würde eine Politik des »Weiter so« die USA in der Palästinafrage sehr schnell in die Sackgasse führen. Und sich schädlich auf die anderen Konfliktfelder in der Region auswirken, die eng miteinander verknüpft sind. Deshalb ist es notwendig, überall dort, wo es möglich ist, parallel zu handeln.

Von entscheidender Bedeutung ist das Bemühen der USA um eine Koexistenz mit dem Iran. Ob das im Bereich des Möglichen liegt, hängt vor allem davon ab, wie das iranische Regime mit seiner Atompolitik weiter verfährt. Eine Politik von zunächst kleinen Schritten, die auf den Abbau des tief sitzenden wechselseitigen Misstrauens zielt, könnte mittelfristig vielleicht zu einem Modus Vivendi mit dem Iran führen und möglicherweise verhindern, dass Nuklearwaffen im Nahen Osten weiterverbreitet werden. Damit verbunden ist mittelfristig die Wiederherstellung eines Machtgleichgewichts durch die Schaffung einer regionalen Sicherheitsarchitektur. Diese sollte idealerweise von den Staaten in der Region selbst getragen werden, und zwar ohne eine massive amerikanische Militärpräsenz am Persischen Golf.

In Amerika und in Europa sollte man endlich erkennen, dass die Präsenz westlicher Truppen auf islamischem Boden von vielen Muslimen als Zeichen eines »langfristig angelegten Konzepts« betrachtet wird, das auf eine neokoloniale Dominanz in der Region gerichtet ist. Im Westen mag man die Sünden der europäischen Kolonialpolitik von Marokko bis nach Zentralasien verdrängt haben. Doch in den Köpfen der Araber und Muslime ist die Erinnerung an das Regime der britischen und französischen Imperialisten und die bis heute spürbaren Folgen sehr lebendig.

Schließlich sollte das schwierige amerikanische Verhältnis zu Syrien durch einen Dialog ohne Vorbedingung in neue Bahnen gelenkt werden. Verbunden mit der Klarstellung, dass Washington – anders als in der Bush-Ära – in Damaskus keinen Regimewechsel mehr anstrebt. Syrien, als Teil der geplanten regionalen Sicherheitsordnung, eröffnete die Chance für eine strukturelle Stabilisierung des Libanon, die mit einem Friedensschluss zwischen Israel und Syrien einhergehen könnte.

Die Palästinafrage

Eine schnelle Lösung des Palästinakonflikts ist allerdings nicht zu erwarten. Die Chancen auf Frieden zwischen Arabern und Juden im Heiligen Land erscheinen so gering wie selten zuvor in den letzten Jahrzehnten.

Die Gegensätze innerhalb des palästinensischen Lagers sind tief greifend und grundsätzlicher Natur. In Israel wiederum hat sich – auch ausweislich des Ergebnisses der Parlamentswahlen vom Februar 2009 – das politische Spektrum nach rechts oder gar nach rechts außen verschoben. Nationalistische und chauvinistische Töne geben wenig Anlass zu Optimismus für ernsthafte Friedensgespräche mit den Palästinensern.

Die Spaltung zwischen Hamas und Al-Fatah und der wechselseitige Hass sind nicht so ohne Weiteres zu überwinden. Da die Hamas aus der politischen Landschaft der Palästinenser so bald nicht wieder verschwinden wird, muss die islamistische Bewegung miteinbezogen werden. Nicht bedingungslos, sondern um den Preis der Zusicherung, die getroffenen Vereinbarungen zwischen der PLO und Israel zu respektieren und die arabische Friedensinitiative mitzutragen. Amerika, die EU und die *gemäßigten* Araber müssen entsprechenden Druck auf die Hamas ausüben, wenn sie – zunächst indirekt und später dann direkt – mit den Islamisten sprechen. Ohne die Beteiligung der Hamas ist eine tragfähige, langfristige Waffenruhe für Gaza nicht zu erreichen. Letztendlich müsste eine »Regierung der nationalen Einheit«, die aus den Parteien nahestehenden Fachleuten und Technokraten besteht, gebildet werden. Das würde der Hamas die Möglichkeit eröffnen, sich aus der internationalen Isolierung zu lösen, um die angestrebte Rolle in der palästinensischen Politik zu übernehmen, ohne sofort ihre Prinzipien opfern zu müssen.

Für die Verwirklichung eines solchen Szenarios nahöstlicher Realpolitik ist das aktive Engagement der USA unverzichtbar.

Vor seiner Wahl zum Präsidenten hat Barack Obama viele Ratschläge angesehener amerikanischer Denkfabriken erhalten, wie er seine Nahostpolitik gestalten solle. Eine Empfehlung lautete, der neue Präsident möge sich von Anfang an darum bemühen, gegenüber der arabisch-islamischen Welt einen anderen Ton und eine andere Sprache zu finden als sein Vorgänger. Diesen Rat hat Obama beherzigt. Sein erstes offizielles Fernsehinterview gab er mit Al-Arabiya bewusst einem arabischen Sender, um ein Zeichen des Respekts zu setzen. Damit machte er deutlich, dass er sich um einen Dialog bemüht und Verständnis aufbringen will für die Sorgen und Belange der Menschen im Nahen Osten. Und er sagte Dinge, die Araber und Muslime aus dem Mund eines amerikanischen Präsidenten wohl in dieser Form noch nicht gehört haben.

Barack Obama räumte ein, dass Amerika »manchmal Fehler« gemacht habe und seine Regierung künftig mehr Aufgeschlossenheit zeigen und auf eine diplomatische Herangehensweise setzen werde. Das war ein klarer Hinweis darauf, dass er sich von der Kriegs- und Konfrontationspolitik und der sie begleitenden aggressiven Rhetorik der Bush-Ära distanziert. Der neue Präsident signalisierte unüberhörbar, dass er entschlossen ist, auf die Muslime zuzugehen. Er betonte, Amerika wolle seine neue Politik im Nahen Osten damit beginnen, respektvoll zuzuhören, nicht aber den Gang der Dinge einfach diktieren. Das Obama-Interview mit dem Fernsehsender Al-Arabiya zielte auf die Herzen der Araber und Muslime. Die darin enthaltene Botschaft lautete: »Ich begegne euch mit Achtung und bin bereit, euren Standpunkt ernst zu nehmen.« Sie könnte der erste Schritt sein auf dem Weg zur Wiederherstellung von Amerikas Ansehen im Nahen Osten, das von George W. Bush weitgehend zerstört worden ist.

Um die Glaubwürdigkeit der USA in der Region zurückzugewinnen, bedarf es indes konkreter Politik. Vor allem in der Palästinafrage. Hier wird es nicht mehr genügen, den Status quo des immer wieder eskalierenden Dauerkonflikts durch bloßes Eindämmen zu managen. Hier wird sich Präsident Obama aktiv als Vermittler einbringen müssen, wenn die Option der Zweistaatenlösung gerettet werden soll. Denn die Ausweitung der israelischen Siedlungspolitik in der besetzten Westbank hat zur unausweichlichen Folge, dass den Palästinensern sehr bald einfach zu wenig Land bleibt, um noch einen

Staat darauf errichten zu können. Und das gilt unabhängig davon, ob in Gaza mit der Hamas eine islamistische Organisation herrscht, die im Widerstand gegen den Staat Israel ihre alleinige Daseinsberechtigung sieht oder vielleicht doch zur Koexistenz mit dem jüdischen Staat fähig ist.

Wenn Obama es wirklich ernst meint damit, die Palästinafrage friedlich zu lösen, dann werden nicht mehr nur die Regelverletzungen der Palästinenser, wie Terror und Gewalt, ins Visier genommen, sondern auch die Regelverstöße und Grenzüberschreitungen Israels.

Dazu gehören vor allem die Siedlungspolitik in den besetzten Gebieten und die humanitären Pflichten der israelischen Besatzungsmacht gegenüber der Zivilbevölkerung. Um die Hamas zu bestrafen, darf das Leben der Menschen im Gazastreifen nicht unerträglich gemacht werden und ihnen jede wirtschaftliche Entwicklung verwehrt bleiben. Ein solches Verhalten ist nicht nur völkerrechtswidrig und ethisch nicht zu rechtfertigen, sondern auch kontraproduktiv. Es stärkt die Extremisten von Gaza bis nach Teheran und schwächt die grundsätzlich friedensbereiten Araber in der ganzen Region.

Gerade der Siedlungspolitik wird die Regierung Obama ihre verstärkte Aufmerksamkeit zuwenden müssen, weil auf diesem Feld die Bereitschaft Israels zum Frieden mit den Palästinensern objektiv messbar ist. Das hat Amerika aber 25 Jahre lang versäumt. So bekennt auch Aaron David Miller, der über diesen Zeitraum hinweg immerhin sechs amerikanische Außenminister in Nahostfragen beraten hat: »Ich kann mich an kein einziges Treffen erinnern, in dem wir ernsthaft mit einem israelischen Premierminister darüber diskutiert hätten, wie schädlich der Siedlungsausbau für den Friedensprozess ist. Und das schließt die Landnahme, den Bau von Siedlerstraßen und Hauszerstörungen mit ein.«[19]

Miller, der heute bei der Denkfabrik Woodrow Wilson Center tätig ist, weist darauf hin, dass es an der Zeit sei, die richtige Balance in Amerikas Beziehungen mit Israel zu finden: »Das besondere Verhältnis der beiden Staaten gründet sich auf den gemeinsamen Werten und der seit 60 Jahren geltenden Schutzzusage der USA für Israels Sicherheit und Wohlergehen. Deshalb steht es auf einem unerschütterlichen Fundament. Doch in den vergangenen 16 Jahren haben die USA es zugelassen, dass die enge Bindung ... einen Ausschließlichkeitscharakter bekam, der die nationalen Interessen Amerikas und auch die Israels untergräbt. Wenn Präsident Obama ernsthaft Frieden anstrebt, muss er diese Fehlentwicklung in der Beziehung zu Israel korrigieren. Das heißt, der Ausgangspunkt für eine Friedensvereinbarung darf nicht mehr allein danach bestimmt werden, was die politische Klasse in Israel für erträglich hält, sondern die Anforderungen aller Seiten sind miteinzubeziehen. Das liegt im nationalen Interesse Amerikas.«

Aus diesem Grunde müsse es die Regierung Obama künftig zulassen, dass öffentlich bekannt werde, wenn Israel sich obstruktiv verhalte, und damit eine rote Linie überschreite – wie etwa bei der Siedlungspolitik.

Miller betont, wie notwendig es für eine glaubwürdige amerikanische Politik in der Palästinafrage sei, dass das Verhalten aller Konfliktparteien in Rechnung gestellt werde. Also auch das Verhalten Israels als Besatzungsmacht. Er empfiehlt Präsident Obama, von vorneherein klarzustellen, dass er als Schirmherr eines Friedensprozesses sein Prestige nicht aufs Spiel setzen werde, wenn – von welcher Seite auch immer – ein Abkommen gezielt torpediert wird, das Amerika zu vermitteln versucht. »In diesem Fall ist es besser, keinen Friedensprozess zu haben, als unehrliche Verhandlungen, die Amerikas Glaubwürdigkeit verletzen«,[20] so Miller wörtlich.

Aaron David Miller hat als Regierungsberater ein Vierteljahrhundert lang die Dauerkrise in und um Palästina begleitet. Seine intime Kenntnis der amerikanisch-israelischen Beziehungen und die ungeschminkte Darstellung der ihr bisher innewohnenden Fehlsteuerung machen seine Ausführungen ungeheuer wertvoll und geben seinem Rat an Präsident Obama das Gewicht eines Praktikers, der aus Erfahrung klug geworden ist. Er äußert sich schonungslos offen, damit sich die Fehler nicht wiederholen, die Amerika in der Vergangenheit in die Sackgasse geführt haben:

»Obama muss seine Unabhängigkeit und taktische Flexibilität bewahren, um die Rolle des Vermittlers zu spielen. Das bedeutet, nicht jede amerikanische Verhandlungsidee zuerst von Israel prüfen zu lassen, bevor sie der anderen Seite vorgelegt wird. Eine Praxis, die wir peinlich bemüht und konsequent während der Clinton- und Bush-Jahre eingehalten haben. Amerika darf ebenso wenig sofort jeder Idee zustimmen, die ein israelischer Premierminister vorschlägt. Unsere Bereitschaft, die von Ehud Barak gewollte *Friss-oder-stirb*-Strategie auf dem Camp-David-Gipfel[21] mitzutragen, erwies sich als sehr kostspielig. Stattdessen hätte unsererseits ein diszipliniert-kritisches Durchdenken der Sache die dann folgende Katastrophe verhindern können. Es ist eine Sache, Fragen, die die israelische Sicherheit betreffen, mit Israel zu koordinieren. Israel jedoch ein Veto über amerikanische Verhandlungstaktik oder inhaltliche Positionen einzuräumen ist etwas ganz anderes.

Wenn der neue Präsident sein Denken im Blick auf Israel entsprechend ändert und sich darauf einstellt, mit den Arabern genauso hart umzugehen wie mit den Israelis – dann könnten die nächsten Jahre faszinierend und produktiv werden. Ich hoffe darauf, weil unser nationales Interesse es gebietet. Der amerikanische Vermittlungsprozess wird höllisch schmerzhaft für Araber, Israelis und Amerikaner. Aber, wenn er richtig geführt wird – mit Härte und Fairness –, könnte dies die erste wirkliche Gelegenheit für eine Friedensregelung seit vielen Jahren hervorbringen.«[22]

Schlüsselfrage Siedlungspolitik

Dass die israelische Siedlungspolitik in jeder Hinsicht eine Schlüsselfrage ist, zeigt ein Blick in die geheime Statistik über den Charakter und Verlauf des Siedlungsbaus der vergangenen 41 Jahre in den besetzten Wohngebieten der Palästinenser. Dort leben mittlerweile rund 290 000 Juden in 120 sogenannten offiziellen Kolonien und Dutzenden von illegalen Außenposten, die über die ganze Westbank verteilt sind.[23] Das arabische Ost-Jerusalem, von Israel annektiert, aber von der internationalen Gemeinschaft völkerrechtlich als Teil der besetzten Gebiete eingestuft, ist hier nicht miteinbezogen.

Der Bericht stammt aus der Feder von Brigadegeneral Baruch Spiegel, der 2005 im Auftrag des Verteidigungsministeriums in Jerusalem mit der statistischen Erhebung begann und sich schriftlich zur Geheimhaltung der dabei gewonnenen Erkenntnisse verpflichten musste.

Das Papier wurde der linksliberalen Tageszeitung *Haaretz* im Januar 2009 zugespielt, nachdem Ehud Barak, der zu diesem Zeitpunkt amtierende Verteidigungsminister, es wiederholt abgelehnt hatte, den Bericht zu veröffentlichen. Barak begründete seine Weigerung damit, die Daten könnten die Sicherheit des Staates gefährden oder Israels auswärtigen Beziehungen schaden.[24]

Der Bericht umfasst Angaben, die der israelische Staat jahrelang unter Verschluss gehalten hat, weil er »politisches Dynamit« enthält. Einer der Hauptgründe, ihn überhaupt in Auftrag zu geben, war die Notwendigkeit, verlässliche Informationen an die Hand zu bekommen. Und zwar für den Fall von Klagen palästinensischer Grundeigentümer oder israelischer Menschenrechtsorganisationen, die gegen die unrechtmäßige Bebauung in den Siedlungen und die diesbezügliche Inanspruchnahme privaten arabischen Landes gerichtlich vorgehen wollen. Eine Prüfung der Daten ergibt, dass in den meisten Siedlungen, etwa 75 Prozent, die Bautätigkeit ohne Baugenehmigung oder entgegen der erteilten Erlaubnis ausgeführt wurde. In mehr als 30 Siedlungen sind Gebäude, Straßen, Schulen, Synagogen und sogar Polizeistationen auf Privatland errichtet worden, das palästinensischen Einwohnern in der Westbank gehört.

»Die veröffentlichten Daten sind eine schwere Anklage gegen die Militärbehörden und den Staat Israel«, sagt Michael Sfard, der Rechtsberater der Menschenrechtsorganisation Yesh Din.[25] »Sie beweisen – was Yesh Din schon seit Langem moniert hat –, dass die Inanspruchnahme palästinensischen Landes nicht nur mit Duldung staatlicher Stellen geschieht, sondern mit aktiver Beteiligung des Staates. Dieser verletzt in diesen Fällen systematisch das Völkerrecht und die Eigentumsrechte der palästinensischen Einwohner der besetzten Gebiete.«

Der Bericht entlarvt die offiziell verbreitete Position des Staates Israel in der Siedlungspolitik als Propaganda zur Verschleierung der Tatsachen. So ist auf der Website des israelischen Außenministeriums zu lesen: »Israels Vorgehen bezüglich des Gebrauchs und der Zuweisung von Land unter seiner Verwaltung geschieht unter strikter Beachtung der Bestimmungen und Normen des Völkerrechts – Israel nimmt keine Beschlagnahme privaten Landes für die Errichtung von Siedlungen vor.« In Wirklichkeit trägt der Staat Israel die Verantwortung für die illegale Siedlungstätigkeit. Das Bauministerium hat die Bautätigkeit vieler illegal errichteter öffentlicher Gebäude und Straßen beaufsichtigt. Deshalb muss sich die Regierung diese Rechtsverletzungen zurechnen lassen.

»Nichts wurde im Geheimen durchgeführt«, sagt Pinchas Wallerstein, der Direktor des Yesha-Siedlungsrats und einer der führenden Männer der Siedlungsbewegung. »Mir sind keine [Bau-]Pläne bekannt, die nicht auf die Initiative der israelischen Regierung zurückgehen.«[26]

Der »Spiegel-Bericht« über die staatlich sanktionierten Siedlungsaktivitäten auf privatem arabischem Land beweist zweierlei: die vorsätzliche Missachtung des humanitären Völkerrechts (IV. Genfer Konvention) durch die israelischen Regierungen und deren mangelnden Respekt vor der Schutzmacht USA und den engen Verbündeten in Europa. Amerika und die EU haben Israel immer wieder gemahnt, wenigstens die »illegalen Siedlungsposten« aufzulösen. Und immer wieder haben Israels Repräsentanten beteuert, man bemühe sich redlich darum, müsse aber aus innenpolitischen Gründen zurückhaltend ans Werk gehen.

Nun steht es schwarz auf weiß in einem amtlichen Papier: Der israelische Staat hat selbst den Bau von Schulen oder Polizeistationen auf dem Grund und Boden privater arabischer Eigentümer in Auftrag gegeben. Nicht anders verhält es sich mit der staatlichen Verantwortung bei vielen »illegalen« Außenposten der Siedler, die nur mit amtlicher Hilfe zu Strom- und Wasseranschlüssen kommen konnten.

Als Israel und die PLO 1993 die Vereinbarung von Oslo schlossen, glaubte man im Westen zumindest an die Chance für eine friedliche Entwicklung im Nahen Osten. Die palästinensische Bevölkerung hoffte, das Abkommen brächte ihr den so lange ersehnten Staat an der Seite Israels. Doch die Wirklichkeit sah anders aus. Denn der *Friedensprozess von Oslo* änderte nur die Modalitäten der Besatzung, aber nicht das grundlegende Konzept.

Der israelische Historiker Shlomo Ben-Ami schrieb später, dass die »Oslo-Verträge auf einer neokolonialistischen Grundlage geschlossen wurden, auf der Basis des Lebens in Abhängigkeit der einen von der anderen Partei – für immer«.[27]

In der Praxis bedeutete das eine »begrenzte Autonomie«, bei der die Palästinenser Selbstverwaltungsaufgaben wahrnehmen durften in den Bereichen Gesundheit, Abfallentsorgung, Erziehung, Postdienste und Tourismus. Außerdem räumte Israel ein, dass eine palästinensische Polizeistruktur aufgebaut werden dürfe. Israel hingegen behielt die Kontrolle über das Land und die Wasserressourcen. Die israelische Armee zog sich zwar aus den Bevölkerungszentren zurück. Das war aber nur ein taktischer Stellungswechsel. An der Tatsache der Besatzung änderte sich unter strategischen Gesichtspunkten nichts. Das wäre für eine begrenzte Zeit hinnehmbar gewesen, wenn die Oslo-Vereinbarungen eine verlässliche Perspektive auf die Übertragung souveräner Rechte für die Palästinenser eröffnet hätten. Doch davon konnte keine Rede sein. Denn Israel hat in Oslo an keiner Stelle explizit anerkannt, dass es *Besatzungsmacht* in den palästinensischen Gebieten ist, noch grundsätzlich zugesagt, die Besatzung zu beenden. Das veranlasste US-Ex-Außenminister James Baker zu der Feststellung, Israel habe in Oslo keine einzige Position aufgegeben. Es habe lediglich die PLO als legitime Vertretung der Palästinenser anerkannt. Und das verpflichtete Israel in den entscheidenden Fragen zu gar nichts. Bis heute nämlich hat keine israelische Regierung das Selbstbestimmungsrecht des palästinensischen Volkes anerkannt.

Eben darauf verweist die Führung von Hamas, wenn sie auf die Weigerung angesprochen wird, den Staat Israel anzuerkennen. Ein solcher Schritt, so heißt es bei der Hamas, könne erst am Ende eines Verhandlungsprozesses stehen, wenn Israel seinerseits einen Staat Palästina anerkannt habe. Das aber muss bis zum Beweis des Gegenteils als taktisch begründetes Argument gelten. Grundsätzlich ist die Hamas durch eine nationalistisch-islamistische Ideologie geprägt, die den Anspruch auf das »historische Palästina« erhebt, also das Gebiet, welches bis zum Ende des Osmanischen Reichs unter islamischer Herrschaft stand. Das heißt, Hamas ist angetreten, um die »Befreiung« des ganzen Landes, also auch des heutigen israelischen Kernlandes, zu erkämpfen. Und nicht nur um die Wiedererlangung der von Israel 1967 eroberten Gebiete.

Dem steht auf israelischer Seite die national-religiöse Siedlerbewegung gegenüber, die sich auf ungefähr ein Drittel der israelischen Bevölkerung stützt. Die Siedler erheben den »ewigen« Anspruch auf das »biblische« Land, somit ebenfalls auf das gesamte historische Palästina. Und das schließt folgerichtig einen Staat für die Palästinenser als »illegitim« aus. Da offenbar fast alle jüdischen Israelis die Rechtfertigung für ihren Staat in der »biblischen Legitimität« sehen, macht das die Minderheit der Siedler politisch unverhältnismäßig stark. Mit der Folge, dass bisher keine israelische Regierung den Mut hatte, einen Siedlungsstopp oder gar einen nennenswerten Abbau von Siedlungen durchzusetzen, wie der Historiker Dan Diner schreibt: »Keine war bereit, einen tatsächlichen Konflikt mit den Siedlern und ihren politischen Unterstützern zu riskieren. So nimmt eine prinzipienfeste Minderheit die territorial kompromissbereite Mehrheit mittels des für beide gemeinsam gültigen Arguments eines biblisch begründeten Anspruchs auf das Land in ideologische Geiselhaft.«[28]

Arafat und die PLO gaben in Oslo den einzigen diplomatischen Trumpf, den sie für Verhandlungen mit Israel jemals hatten, aus der Hand. Mit der Anerkennung des Existenzrechtes des Staates Israel entblößte sich Arafat, ohne dafür eine entsprechende Gegenleistung der Israelis zu erhalten. Damit waren er – und mit ihm sein Volk – in allen nachfolgenden Verhandlungen über die Zukunft Palästinas vollends dem Gutdünken der israelischen Seite ausgeliefert.

Das Oslo-Abkommen hätte dennoch eine Chance für den Frieden bieten können, trotz der von den islamistischen Terroristen auch schon damals begangenen Bluttaten. Dann nämlich, wenn Israel praktische

Schritte unternommen hätte, die seine Bereitschaft zu einem tragfähigen Frieden mit den Palästinensern untermauert und Vertrauen geschaffen hätten. Dazu wäre vor allem ein *Stopp des Siedlungsbaus* erforderlich gewesen. Aber Israel tat genau das Gegenteil. Im Schatten von Oslo intensivierten die israelischen Regierungen den Bau und die Erweiterung von Siedlungsanlagen in einem Ausmaß, das den Palästinensern signalisieren musste, Oslo sei nicht der Weg zum Frieden, sondern zum endgültigen Verlust ihrer Heimat. Das führte zur Radikalisierung unter den Palästinensern, die schließlich im September 2000 im Ausbruch der Al-Aksa-Intifada mündete. Je länger der Aufstand dauerte und je mehr Selbstmordanschläge die israelische Zivilbevölkerung trafen, desto brutaler und blutiger reagierte die israelische Kriegsmaschine auf Befehl des damaligen Premierministers Ariel Scharon. Das wiederum vertiefte den Hass der Palästinenser und steigerte ihre Rachegelüste. Die Terroranschläge folgten mit immer höherer Frequenz und immer schrecklicheren Auswirkungen. Die Entmenschlichung schien grenzenlos. Auf beiden Seiten.

Dafür war PLO-Chef Jassir Arafat mitverantwortlich. Er hätte beizeiten gegensteuern müssen, um zu verhindern, dass sich eine »Allianz des Bombenterrors« zwischen den islamistischen und nationalistischen Gruppen bildet. Die nötigen Machtmittel dazu hatte er in der Hand. Sicherlich hätte Arafat nicht alle Attentate der Hamas verhindern können, auch wenn er rechtzeitig gehandelt hätte. Aber mit seinem Sicherheitsapparat wäre er in der Lage gewesen, die Zahl der Anschläge zu reduzieren. Doch Arafat hat auch vor der Intifada zu keiner Zeit so nachhaltigen Druck auf die Hamas und die anderen Islamisten ausgeübt, dass diese sich wirklich zurückgenommen hätten. Arafat ist einer ernsthaften Konfrontation mit der Hamas während des Oslo-Prozesses fortwährend ausgewichen. Dadurch blieben die militanten Islamisten in der Lage, immer dann Anschläge in Israel zu verüben, wenn sich Fortschritte bei den Verhandlungen abzeichneten. Ihr Störpotenzial gegen einen Kompromissfrieden war nie ernsthaft gefährdet.

Andererseits verdoppelte sich in den sieben Jahren (1993–2000) des »Oslo-Friedensprozesses« die Zahl der jüdischen Siedler von 100000 auf 200000. Das schließt das Gebiet des arabischen Ost-Jerusalems nicht ein. Dort zählte man in diesem Zeitraum etwa 180000 Siedler, die in den Vierteln rund um Jerusalem lebten, die 1980 zusammen mit Ost-Jerusalem annektiert worden sind.[29]

Zu dieser Entwicklung hat die amerikanische Regierung unter Präsident Clinton erheblich beigetragen. Denn sie hat den Siedlungs- und Straßenbau nicht nur geschehen lassen und teilweise mitfinanziert, sondern Israel indirekt sogar dazu ermuntert. Waren die Siedlungen vorher in Washington öffentlich als »Hindernis für den Frieden« kritisiert worden, bezeichneten die Sprecher Clintons sie nur noch als »nicht hilfreich«.

Auch die Europäer, die sich im Oslo-Prozess stark engagierten, sind mitverantwortlich. Sie kritisierten zwar die Siedlungspolitik, ließen Israel aber ansonsten unbehelligt. Dabei wussten sie genau, dass mahnende Worte bei den israelischen Regierungen ungehört verhallen, es sei denn, sie sind mit Konsequenzen verbunden, die spürbar israelische Interessen berühren, wie etwa in der Handelspolitik. Bis heute machen sich die Europäer mitschuldig an der Fortsetzung der völkerrechtswidrigen

Siedlungspolitik Israels, indem sie politisch nichts dagegen unternehmen, obwohl es in ihrer Macht stünde. Die Verpflichtung, für die Existenz des Staates Israel einzustehen, bedeutet mitnichten, die neokoloniale Landnahme zulasten der Palästinenser in Kauf nehmen zu müssen. Im Gegenteil, wer sich tatsächlich um die langfristige Sicherheit Israels sorgt, muss mit aller Kraft daran mitwirken, dass die Palästinenser nicht gezwungen sind, in eine Zukunft ohne Hoffnung zu schauen.

Ohne Perspektive auf einen souveränen Staat geraten die Palästinenser mehr und mehr mit dem Rücken an die Wand und verlieren dabei die Fähigkeit, realpolitisch notwendige Kompromisse zu schließen. Hoffnungslosigkeit macht den Extremismus so stark, dass der Glaube an einen Frieden vollends erlischt.

Das Leid in Gaza

Das sollte in besonderer Weise der politischen Klasse in Deutschland zu denken geben, zumal Bundeskanzlerin Angela Merkel immer wieder betont, das Existenzrecht Israels zu wahren gehöre zur deutschen *Staatsräson.* Den Dingen, wie in Gaza, einfach ihren Lauf zu lassen und zum falschen Zeitpunkt eine israelische Kriegsführung öffentlich zu rechtfertigen, wenn diese dem Verdacht ausgesetzt ist, gegen das humanitäre und das Kriegsvölkerrecht zu verstoßen, ist ethisch fragwürdig und politisch falsch. Damit setzt sich Frau Merkel dem Verdacht aus, der israelischen Regierung Carte blanche zu erteilen, sobald diese sich auf ihr Recht zur Selbstverteidigung beruft. Denn dieses Recht ist nicht grenzenlos.

Zweifellos ist Israel berechtigt, den Raketenbeschuss der Hamas auf israelische Städte und Dörfer zu unterbinden, indem es gegen die Hamas in Gaza militärisch vorgeht. Da der Gazastreifen zu den am dichtesten besiedelten Gebieten der Welt gehört, ist dabei die Zivilbevölkerung immer gefährdet und sind zivile Opfer wohl kaum ganz zu vermeiden. Vor allem dann nicht, wenn die Hamas bewusst aus Wohngebäuden heraus gegen die israelische Armee kämpft. Es ist deshalb davon auszugehen, dass die Hamas den Tod vieler unbeteiligter Menschen in zynischer Weise in Kauf genommen hat. Allerdings trifft dieser Vorwurf auch die israelische Armee. Sie hat in Gaza den Grundsatz der Verhältnismäßigkeit vorsätzlich verletzt. Das unterstreicht die Aussage eines israelischen Offiziers am 7. Januar vor israelischen Fernsehkameras: »Wir sind sehr gewalttätig. Wir schrecken vor keiner Methode zurück, die dazu geeignet ist, Verluste bei unseren Truppen zu vermeiden.«[30] So wörtlich Oberstleutnant Amir, Kommandeur einer technischen Kampfeinheit.

Einen Tag zuvor zitierte die israelische Tageszeitung *Haaretz* in diesem Zusammenhang einen anderen hohen Offizier: »Vorsichtig zu sein bedeutet für uns, aggressiv vorzugehen. Von der ersten Minute, als wir eindrangen, haben wir uns wie im Krieg verhalten. Das führt vor Ort zu enormen Schäden. Ich hoffe, dass jene, die aus dem Gebiet von Gaza-Stadt geflohen sind, wo wir operieren, diesen Schock beschreiben. Vielleicht ernüchtert das einige, bevor das weitergeht.«[31]

Haaretz schreibt weiter: »Was der Offizier nicht ausdrücklich sagte, ist, dass es sich dabei um eine gezielte Politik handelte. Nach dem Trauma des Libanonkrieges im Sommer 2006 war der Armee klar, dass hohe Verluste unter den israelischen Soldaten die Unterstützung für den Krieg in der Bevölkerung und bei der politischen Führung untergraben würden. Deshalb wendete sie eine aggressive Taktik an, um das Leben ihrer Soldaten zu schonen. Und das Kabinett zog das in Betracht, als es den Landkrieg genehmigte, hat also jetzt keinen Grund, seine Meinung zu ändern.«[32]

In der Praxis des Krieges bedeutete das, israelische Soldaten beschossen auch Wohnhäuser mit schweren Waffen, selbst wenn nicht auszuschließen oder gar erkennbar war, dass sich dort Zivilisten, Frauen und Kinder aufhielten.

Der Gaza-Krieg dauerte 22 Tage. Getötet wurden rund 1300 Palästinenser, davon Hunderte von Zivilisten, darunter sehr viele Kinder. Auf israelischer Seite kamen 13 Menschen um. Davon waren zehn Soldaten, wobei vier durch eigenen Beschuss (»friendly fire«) getötet wurden. Drei israelische Zivilisten starben durch den Raketenbeschuss der Hamas und anderer extremistischer Gruppen.

Es war ein asymmetrischer Krieg, und es bleibt ein asymmetrischer Konflikt, in dem die palästinensische Bevölkerung immer den höchsten Blutzoll zu entrichten und das größte Leid zu ertragen hat. Die Zerstörung Tausender von Wohnhäusern und ziviler Infrastruktur wie Straßen, Schulen, Krankenhäuser und Elektrizitätswerke wird das Leben der Menschen in Gaza auf lange Zeit noch härter machen, als es vor dem Krieg schon war.

Angesichts dessen hätte es der Bundeskanzlerin gut zu Gesicht gestanden, wenn sie nicht nur das Schutzbedürfnis israelischer Menschen betont, sondern im Verlaufe des Krieges zumindest ihr Mitgefühl für das

Leiden der wehrlosen Frauen und Kinder in Gaza zum Ausdruck gebracht hätte, wie das Präsident Obama – wenn auch relativ spät – getan hat. Das hätte die Solidarität mit Israel nicht geschmälert, sondern als humanitäre Geste die Glaubwürdigkeit Deutschlands als wertebestimmter Demokratie untermauert.

Israel ist stolz auf seine demokratische Grundordnung. Zu Recht. Demokratische Werte verbinden Deutschland und Israel. Daraus folgt ein Grundverständnis der Regeln, die weltweit den Umgang der Staaten und Völker miteinander bestimmen. Dazu gehört die Achtung des Völkerrechts und der Menschenrechte. Es geht nicht allein darum, dass Israel sich auf »das demokratische Deutschland als Partner und Freund verlassen« kann, »heute und in Zukunft«, wie Joschka Fischer das einmal formuliert hat.[33] Es geht auch darum, dass wir, die Kinder, Enkel und Urenkel der Holocaust-Täter, nicht nur in Israel, sondern auch in den palästinensischen Gebieten dem Recht zur Geltung verhelfen sollten. Doch nicht dem Faustrecht.

Unsere besondere Verpflichtung, »für das Existenzrecht und die Sicherheit Israels und seiner Bürger«[34] einzutreten, ist eine ewige Pflicht. Damit verbunden ist die humanistische Aufgabe, die Menschenrechte und das Völkerrecht – wenn möglich – durchzusetzen. Die israelischen Regierungen brechen seit 1967 mit dem Siedlungsbau vorsätzlich und andauernd das Völkerrecht. Sie tun dies mit der Anmaßung, das Recht des Stärkeren zu besitzen.

Der Holocaust und die bittere, jahrhundertelange Leidensgeschichte des jüdischen Volkes befreien keine israelische Regierung von ihrer Verantwortung gegenüber dem palästinensischen Volk, dessen Land es seit 1967 besetzt hält. Vergangenes Unrecht und tief empfundenes Leid darf nicht als Rechtfertigung für heutiges Unrecht dienen.

Der Gazakrieg und die Folgen

Präsident Obama sieht sich in Palästina einer völlig verfahrenen Situation gegenüber. Das erschwert seine Aufgabe, die Region strukturell zu stabilisieren. Bevor er darangehen kann, muss er Konfliktmanagement betreiben, um eine weitere Eskalation zu vermeiden. Der Krieg in Gaza hat die Konfliktparteien noch tiefer in die Sackgasse geführt. Die vollmundige Prognose von Ehud Barak, der israelische Feldzug werde die Spielregeln für die Hamas im Verhältnis zu Israel grundlegend ändern, ist nicht eingetroffen. »Operation gegossenes Blei« hat die militanten Islamisten in Gaza zwar geschwächt, aber nicht von der Macht vertrieben. Die logistische Schwäche der Hamas ist nur vorübergehend.

Ajatollah Ali Khamenei, der geistliche Führer des Iran, hat verlauten lassen, dass Teheran alles daransetzen werde, die »Widerstandskraft« seiner islamistischen Freunde in Gaza wieder zu stärken. Israels strategisches Ziel, durch die militärische Strafaktion eine andauernde Abschreckung wiederherzustellen, blieb unerfüllt. Die Verbreitung von Angst und Schrecken unter der palästinensischen Zivilbevölkerung hat die politische Führung der Hamas und offenbar auch ihr Milizkommando relativ unbeschadet überstanden. Die Fähigkeit der Islamisten, Katjuscha- und Grad-Raketen auf israelische Wohngebiete abzufeuern, mag beeinträchtigt sein. Doch sie ist grundsätzlich erhalten geblieben. Zwei Wochen nach Eintritt der Feuerpause flogen die Geschosse wieder von Gaza nach Israel.

Um das langfristig zu unterbinden, müsste die israelische Armee den Befehl erhalten, die Hamas ganz auszulöschen – was gewiss Tausende von Zivilisten in Gaza das Leben kosten würde. Die politischen Folgen in der Region wären verheerend, auch für Präsident Obama, dem ein zuvor nicht gekannter Goodwill aus dem Nahen Osten entgegenschlägt. Das hat zu tun mit der Hoffnung der Menschen, dass Barack Obama von der bisherigen Politik der USA in der Region tatsächlich Abschied nimmt.

Die neue Wirklichkeit in Palästina ist nicht zu übersehen: Gaza erscheint als Hindernis auf dem Weg zu einem palästinensischen Staat. Israel kann weder Frieden noch dauerhafte Stabilität erlangen, indem es aus Gaza ein noch schlimmeres Gefangenenlager macht, in dem geschlagene Menschen ohne jede Hoffnung eingeschlossen sind.[35]

Das war nicht immer so. Am 4. März 1996 demonstrierten Tausende von Menschen in Gaza gegen den Terror der islamischen Fundamentalisten der Hamas und für die Fortsetzung des Friedensprozesses. Zu diesem Zeitpunkt glaubte die Mehrheit des palästinensischen Volkes, auch in Gaza, noch an eine Lösung auf der Basis »Land für Frieden«.

Mittlerweile haben sich die Verhältnisse grundlegend geändert. Die Palästinenser haben ihre Integrationsfigur, Jassir Arafat, verloren, der trotz seines oft ambivalenten Verhaltens sein Volk in einen Staat an der Seite Israels führen wollte. Al-Fatah, einst die tragende Säule der PLO, ist nur noch ein Schatten ihrer selbst, weil ihre Funktionäre sich die Taschen füllten, während ihre Führung in den Verhandlungen mit Israel durch die Realität des brutalen Besatzungsalltags ihre Glaubwürdigkeit bei vielen Palästinensern einbüßte. Es folgte die Protestwahl mit der Niederlage für Al-Fatah und dem Sieg für die kampfbereite Hamas. Das war vor allem eine Quittung für Al-Fatah, nicht aber eine Zustimmung zur islamistischen Ideologie von Hamas mit ihrem Ruf nach der Zerstörung Israels und den Vorstellungen eines autoritären »Gottesstaates«. Eher ein Hinweis der Wähler, dass sie Israel die Bereitschaft für eine akzeptable Verhandlungslösung nicht mehr abnahmen.

Angesichts der tiefen Spaltung der Palästinenser und der Instabilität israelischer Koalitionspolitik – bedingt durch das israelische Wahlrecht – scheint es fraglich, ob substanzielle Fortschritte überhaupt möglich sind.

Eine Patentlösung für den Frieden drängt sich wahrlich nicht auf. Doch ohne einige grundsätzliche Voraussetzungen, die beide Konfliktparteien erfüllen müssen, besteht keinerlei Aussicht auf Besserung. Die politische Klasse in Israel müsste sich mit tätiger Hilfe Amerikas dazu durchringen, eine über den nächsten Wahltag hinausreichende Strategie zu entwerfen. Dazu gehörte die Einsicht, dass die fortwährende Besatzung der Westbank Israels Sicherheit auf Dauer nicht garantiert, sondern die Wut der Palästinenser und der Araber in der Region nur weiter entfacht.

Israel kommt nicht umhin, eine konkrete Vorstellung von einem Staat Palästina zu entwerfen, der alle strukturellen Elemente umfasst, die für einen funktionierenden Staat erforderlich sind. Es mag sinnvoll sein, das neue staatliche Gebilde von Israel zu trennen. Eine absolute Sicherheit, wie Israel sie immer einfordert, ist unter den gegebenen Bedingungen indes nicht herzustellen – und Israel genießt sie als Besatzungsmacht ja auch derzeit nicht. Die beste Sicherheitsgarantie für Israel bestünde darin, die Lösung der Palästinafrage auf längere Sicht in eine regionale Friedensordnung einzubetten. Deshalb sollte Jerusalem sich um eine Annäherung an die gemäßigten arabischen und islamischen Regimes bemühen und dabei die erwähnte arabische Friedensinitiative ausdrücklich miteinbeziehen.

Bei den Palästinensern ist der Weg nicht weniger mühsam. Die Ausgangslage ist ein gespaltenes Palästina. Die Hamas verfolgt eine kompromisslose Linie, weil sie auf konkrete Unterstützung aus dem radikalen arabisch-islamischen Lager zurückgreifen kann. Das schließt die massive Hilfe des Iran und den Beistand Syriens mit ein. Hinzu kommt die weitverbreitete Sympathie für die Hamas wegen ihres »Widerstandes« gegen Israel bei den nationalistisch gesinnten Arabern, vor allem aber unter den frustrierten und unterprivilegierten Bevölkerungsgruppen in verschiedenen arabischen Ländern. Diese Stimmungslage geht einher mit dem Trend zu Islamismus und Radikalismus in der arabischen Welt und lässt sich auf den Niedergang des säkular geprägten arabischen Nationalismus nach der vernichtenden Niederlage der Araber gegen Israel im Sechstagekrieg 1967 zurückführen. Es handelt sich somit beim Erstarken des islamischen Radikalismus um die Folgen einer langfristigen historischen Entwicklung, keineswegs um einen Betriebsunfall der Geschichte.

Die nationalistisch-islamistische Spaltung in Palästina ist folglich nur zum Teil hausgemacht. Sie ist im Kern eine Ausprägung des ideologischen Grabens, der Araber und Muslime heute generell in Gemäßigte und Radikale trennt. Es handelt sich um einen »Kalten Krieg«

im Nahen Osten,[36] der vermutlich so lange andauert, bis größere Systemänderungen eintreten.

Dennoch sollten Ägypten, Saudi-Arabien, Katar und auch die Türkei alles daransetzen, um die palästinensischen Rivalen wieder zusammenzubringen. Und zwar mit Unterstützung der USA. Der politische Druck auf die zwei Fraktionen sollte kontinuierlich aufrechterhalten werden. An der Mäßigung der Hamas geht kein Weg vorbei. Das gelingt nur, wenn die pragmatischen Kräfte – wie schon einmal mit Hilfe des saudischen Königs – in ein Kabinett der nationalen Einheit eingebunden werden. Natürlich setzt das einen stabilen, andauernden Waffenstillstand voraus, ebenso wie das Ende der Wirtschaftsblockade von Gaza durch Israel, die USA und Europa.

Eine palästinensische *Koalitionsregierung der Technokraten* böte die Chance, die herrschenden Verhältnisse so zu nehmen, wie sie sind. Und zwar, ohne dabei das Gesicht zu verlieren. Israel und die Hamas könnten jeweils von ihrem hohen Ross heruntersteigen und indirekt miteinander kommunizieren, ohne dafür gleich ihre Prinzipien und Bedingungen für den Umgang mit der anderen Seite zu opfern.[37]

Das könnte dann der Auftakt für die Wiederaufnahme substanzieller israelisch-palästinensischer Verhandlungen sein. Israel dürfte natürlich eine »Einheitsregierung« nicht von vorneherein zurückweisen. Und die Hamas müsste sich zu einer Realpolitik durchringen, die den Einflüsterungen der Radikalen in Teheran weniger Raum böte. So könnte die Hamas die angestrebte politische Rolle in Palästina wahrnehmen, wäre aber integriert in die Struktur der palästinensischen Autonomiebehörden. Die Hamas bliebe eingebunden in die durch die Oslo-Verträge geschaffenen nationalen Institutionen und könnte sich nicht eine davon unabhängige *islamische* Legitimität *im Namen aller Palästinenser* anmaßen.

Scharia oder Hudna – der Weg der Hamas

Die Hamas zu mäßigen und die Islamisten direkt oder indirekt in Verhandlungen einzubeziehen wird wohl einer der härtesten Brocken für Präsident Obama und seinen Sonderbotschafter George Mitchell werden. Die Hamas weigert sich bisher, dem Terrorismus abzuschwören, Israels Existenzrecht und die zwischen der PLO und Israel schon geschlossenen Vereinbarungen, die die Zweistaatenlösung umfassen, anzuerkennen. Das sind die Bedingungen, die Barack Obama, US-Außenministerin Hillary Clinton, die Europäer und Israel für den Umgang mit der Hamas gesetzt haben.

In der Hamas-Charta ist zu lesen, dass die Islamisten im ganzen Land zwischen dem Mittelmeer und dem Jordan das Scharia-Recht einführen wollen. Das meint das historische Palästina vor der Gründung Israels (1948) und stellt eine offene Ablehnung der Existenz Israels dar. Die Charta enthält antisemitische Ausfälle und die Verherrlichung *islamischen Märtyrertums.* Die säkularnationalistische Al-Fatah wird wegen ihres »Verrats« an der »heiligen Pflicht«, das *islamische Palästina* ungeteilt zurückzugewinnen, beschimpft.

Bei genauerem Hinsehen erscheint die Hamas-Führung jedoch pragmatischer, als es die ideologischen Ausfälle in der Charta vermuten lassen. Der Generalsekretär Khaled Mashaal, der übrigens von seinem Exil in

Damaskus aus agiert, und auch der Hamas-Premierminister Ismail Hanijeh in Gaza haben wiederholt angedeutet, dass sie sich auf die Annahme der erwähnten Bedingungen zubewegen könnten. Das bestätigen zum Beispiel der ehemalige US-Präsident Jimmy Carter und auch Henry Siegman, der früher den American Jewish Congress (AJC) leitete. Die Hamas-Führer reden davon, Israel als »Realität« zu akzeptieren, wenn sich der jüdische Staat auf die Grenzen von 1967 zurückzöge und das palästinensische Volk einer umfassenden Regelung in einem Referendum zustimmte. Immer wieder ist aus dem Mund von Hamas-Führern zu hören, man sei bereit, mit Israel einen Waffenstillstand, eine *Hudna,* verbunden mit einer politischen Regelung zu schließen. Eine solche Hudna könne, je nach Lage der Dinge, Monate, Jahre oder gar Jahrzehnte andauern.

Unübersehbar ist, dass die Hamas-Führung sich in strategischen Fragen nicht ganz einig ist. Fest steht, dass sich in den Reihen der aus der Muslim-Bruderschaft hervorgegangenen Bewegung religiöse Fanatiker befinden, die voll hinter dem kruden Machwerk stehen, das sich »Hamas-Charta« nennt. Jene Männer, die bei der Hamas Machtpositionen innehaben, winden sich, wenn es darum geht, eine klare Antwort auf die Frage zu geben, was die Charta aus den Kindertagen der Hamas in den 1970er-Jahren heute bedeutet. Entweder erklären sie das Papier für inzwischen bedeutungslos, oder sie sagen, die Charta werde ein Punkt unter vielen bei Verhandlungen mit Israel und dem Westen sein. Damit verweisen sie auf die Taktik von Jassir Arafat, der die Revision der PLO-Charta, in der das Existenzrecht Israels auch verneint wurde, zum Gegenstand der Gespräche mit Israel und Amerika im Oslo-Prozess gemacht hatte.

Wenn Botschafter George Mitchell, zunächst gewiss in nicht offiziellen Gesprächen, der Hamas eine Brücke baut, über die sie ohne Gesichtsverlust gehen kann, weil sie nicht von vornherein Vorbedingungen erfüllen, sondern sich »nur« pragmatisch zeigen muss, könnte der erste Schritt getan sein. Man darf getrost davon ausgehen, dass Mitchell diesen Weg gehen und versuchen wird, die Hamas miteinzubeziehen. Dabei mag er Israel auch darauf hinweisen, dass es die Anerkennung seines staatlichen Existenzrechtes als Vorbedingung für die Aufnahme von Verhandlungen weder von Arafats PLO noch von den arabischen Staaten jemals verlangt hat. Es handelt sich bei dieser von der Hamas geforderten Bedingung also um eine ideologische, nicht aber um eine politische Position, die man überdenken sollte.[38]

George Mitchell weiß aus Erfahrung, dass bei Gruppen wie Hamas ein uneingeschränkter Gewaltverzicht nicht die Vorbedingung sein kann, um überhaupt ins Gespräch zu kommen. Botschafter Mitchell hat im Nordirlandkonflikt erfolgreich vermittelt (1995–1998). Dabei hat er gelernt, dass ein Gewaltverzicht als Vorbedingung für Verhandlungen, an deren Ende eine mögliche Konfliktregelung stehen mag, von Organisationen, wie der Irisch-Republikanischen Armee (IRA), nicht zu bekommen war. Daraus resultiert die realistisch-pragmatische Haltung Mitchells, die ihn für den Umgang mit Hamas prädestiniert.

Es ist offensichtlich, dass ein palästinensisch-israelisches Abkommen ohne Hamas nur eine sehr kurze Lebensdauer haben dürfte. Denn die Hardliner in Teheran und die Fanatiker innerhalb der Hamas warten nur auf eine solche Gelegenheit, um in Palästina jede Hoffnung auf Fortschritt im Keim zu ersticken.

Sollten sich die Pragmatiker in der Hamas-Führung trotz der amerikanischen Bemühungen einem »Dialog« verweigern, werden die Menschen in Palästina merken, wer dafür verantwortlich ist, dass sich ihre Lage nicht bessert, sondern weiter verschlechtert. Die palästinensische Bevölkerung will ein Ende der Spaltung und endlich ein erträglicheres Leben. Wenn Hamas signalisiert, dass sie an der islamistischen Ideologie und ihren orthodoxen Dogmen klebt, anstatt pragmatische Politik zum Wohle der Menschen zu machen, werden sich viele Palästinenser entfremdet von ihr abwenden.

Das rückt Al-Fatah ins Bild, die nur dann wieder an Statur gewinnt und Glaubwürdigkeit zurückerlangt, wenn sie sich von innen heraus erneuert, die korrupte, inkompetente alte Garde verabschiedet und junge ehrliche Palästinenser mit einem modernen Weltbild an ihre Stelle setzt. Davon gibt es viele. Es sind hervorragend ausgebildete Fachleute, die effizient arbeiten würden, wenn sie dazu die Gelegenheit hätten. Die Autonomieverwaltung muss endlich unter Beweis stellen, dass sie die westlichen Hilfsgelder von nahezu einer Milliarde US-Dollar im Jahr ökonomisch sinnvoll und effektiv verwendet. Eine weitere Milliarde Dollar steht der *palästinensischen Regierung* jährlich an Einkünften aus Abgaben und Gebühren zur Verfügung. Etwa drei Viertel dieses Betrages fließen in Gehälter und Pensionen von Menschen, die oft gar nicht arbeiten oder überhaupt nicht existieren.

Doch alle internen Reformen aufseiten der Behörde und bei Al-Fatah werden ihre Wirkung bei der Bevölkerung verfehlen, wenn Israel nicht seinen, den entscheidenden Teil dazu beiträgt, dass die Menschen sich in ihrem Alltag nicht mehr durch die harte Hand der

Besatzungsmacht stranguliert fühlen. Wenn die Palästinenser in den besetzten Gebieten erleben, dass sich Kompromiss- und Friedensbereitschaft lohnen, ist viel gewonnen für die gemäßigten Kräfte in Palästina und im ganzen Nahen Osten. Dafür muss Amerika sich ins Zeug legen.

Das gilt umso mehr, als sich die politische Wirklichkeit in Palästina und in Israel in den letzten Jahren dramatisch verändert hat. Auf beiden Seiten hat sich die öffentliche Meinung radikalisiert.

Bei den Palästinensern ist der in der Arafat-Ära bestehende nationale Konsens für eine Verhandlungslösung zerbrochen. Die Spaltung resultiert aus der wachsenden Stärke der Hamas, die offiziell den bewaffneten Widerstand als einzigen Weg propagiert. In Israel haben die rechten Parteien und die rechtsextreme Formation Israel Beitenu (»Unser Haus Israel«) Aufwind, die unverhohlen dafür eintritt, die arabischen Staatsbürger in Israel einem Bevölkerungstransfer zu unterwerfen.

Aus israelischer Sicht ist der jüdische Staat gleich zweimal dafür bestraft worden, dass er arabisches Land aufgeben hat – im Libanon (2000) und in Gaza (2005). Hisbollah bombardierte danach die Bewohner Nordisraels und Hamas die Menschen in Südisrael. An das Prinzip »Land für Frieden« wollen viele Israelis deshalb nicht mehr glauben. Viele Palästinenser trauen ihrerseits den israelischen Beteuerungen nicht mehr, man strebe eine Zweistaatenlösung an. Das ist kein Wunder, weil alle israelischen Regierungen ohne Ausnahme die Siedlungen in der Westbank immer weiter ausgebaut haben. So ist das wechselseitige Vertrauen zwischen den beiden Völkern weitgehend aufgebraucht worden.

Dennoch gibt es keine Alternative zu einem Kompromissfrieden, da Araber und Juden in Palästina ihrem Schicksal nicht entgehen können. Sie müssen lernen, Seite an Seite zu leben. Eine andere Lösung gibt es nicht.

Wenn es also Frieden geben soll, müssen alle die bitteren Konsequenzen aus der Geschichte ziehen: Die Araber müssen letztlich akzeptieren, dass Haifa und Jaffa für sie verloren sind. Die Israelis müssen anerkennen, dass bei Gründung des Staates Israel ein großer Teil der arabischen Bevölkerung Palästinas vertrieben wurde. Israel muss darauf verzichten, auf Dauer die Oberaufsicht über die Palästinenser zu beanspruchen. Wenn die politische Klasse in Israel darauf beharren sollte, dass die Sicherheit des Staates nur auf Kosten des Selbstbestimmungsrechts der Palästinenser herzustellen sei, ist Frieden ausgeschlossen. In diesem Fall wird es unmöglich, bleibende Stabilität im Nahen Osten herzustellen. Eine Integration Israels in die Region würde nicht gelingen.

Diese Gefahr sieht auch eine offenbar wachsende Gruppe liberaler junger Juden in Amerika, die dem Slogan folgen »Für Israel – für den Frieden«.[39] Im Gegensatz zu AIPAC, dem American Israel Public Affairs Committee, der mächtigsten proisraelischen Lobbygruppe in den USA, ist die »J Street« eine Formation, die auch den palästinensischen Standpunkt in den Blick nimmt. Anders als AIPAC sind die »J-Street«-Leute nicht der Meinung, dass Amerika die israelische Politik immer und um jeden Preis unterstützen sollte, unabhängig davon wie sie gestaltet wird und welche Folgen sie hat. Sie kooperieren mit anderen Gruppen wie »Americans for Peace Now« und verzeichnen schon einigen Erfolg bei ihrer Überzeugungsarbeit im Kongress.[40] Es ist bemerkenswert, dass sie Israel und seine amerikanischen Freunde offen auffordern, mit der Hamas zu reden.

Doch AIPAC hat nach wie vor sehr viel Einfluss im Kapitol. Deshalb scheuen sich viele Abgeordnete des Repräsentantenhauses, offen zu bekennen, dass sie mit der Haltung der liberalen jungen Aktivisten der J Street sympathisieren.[41]

Immerhin haben die forsch und dynamisch agierenden jungen Leute bereits 40 Kongressabgeordnete (von 435 im Repräsentantenhaus) hinter sich gebracht. Das Erstaunliche dabei ist, dass J Street ungeschminkt die Dinge beim Namen nennt, wenn es um die Position von AIPAC geht. Es ist ein absolutes Novum in Washington, öffentlich zu verkünden, dass AIPAC der Sicherheit Israels dadurch geschadet habe, dass es israelische Regierungen fortwährend dazu ermuntert habe, eine Politik zu verfolgen, die nicht zum Frieden mit den Palästinensern führen könne.

Viele junge jüdische Demokraten, die Obamas jüdischem Stabschef Rahm Emanuel nahestehen, sympathisieren mit der These von J Street, die besagt, Israel brauche, wenn es überleben soll, »tough love«. Gemeint ist eine robuste Zuneigung, die den jüdischen Staat mit wohlmeinend-konsequentem Druck dazu bringt, den Palästinensern einen fairen Frieden einzuräumen.[42]

Die neue amerikanische Friedensdiplomatie in der Palästinafrage und darüber hinaus kann also nur erfolgreich sein, wenn sich Präsident Obama als fairer Vermittler engagiert und die Interessen aller Beteiligten berücksichtigt. Er darf keinesfalls der Versuchung erliegen, die Hände in den Schoß zu legen, weil der Konflikt festgefahren ist und man deshalb *gegenwärtig nichts tun könne.* So verhielt sich George W. Bush 2001, nachdem die Verhandlungen in Camp David gescheitert waren, die Al-Aksa-Intifada ausbrach und der palästinensische Aufstand und das brutale Vorgehen der Besatzungsarmee die beiden Völker in eine blutige Sackgasse trieb. Israel und die Palästinenser in diesem asymmetrischen Konflikt sich selbst zu überlassen – wie das in den letzten zehn Jahren geschehen ist – hat nur eines bewirkt: die Stärkung der Friedensfeinde auf allen Seiten.

Ein nachhaltiges Bemühen um eine Lösung in Palästina auf der Basis der einschlägigen UNO-Resolutionen und eine starke, nicht zu beirrende amerikanische Führung in diesem Prozess könnte die meisten arabischen Staaten dazu bewegen, an die Seite Amerikas zu treten und eine konstruktive Rolle zu übernehmen. Der feste Wille der USA, einen souveränen Staat Palästina zu ermöglichen, eröffnet aus arabischer Sicht die Aussicht auf einen umfassenden Frieden zwischen dem jüdischen Staat und den Ländern der Arabischen Liga. Als Ausgangspunkt für diesen Verhandlungsprozess könnte die arabische Friedensinitiative von 2002 dienen.

Hier wird deutlich, dass die Rolle Amerikas im Palästinakonflikt heute unmittelbar verknüpft ist mit seinen eigenen Interessen und Partnerschaften im Nahen Osten und der islamischen Welt insgesamt. Gerade deshalb wäre es geboten, dass Präsident Obama persönlich sein Prestige in die Waagschale werfen und sich zu den Grundsätzen der Zweistaatenlösung bekennen würde, wie sie noch unter Bill Clinton in Taba (2000/2001) formuliert worden sind. Danach würde Israel sich prinzipiell auf die Grenzen von 1967 zurückziehen. Hier und da vermutlich mit einigen Abweichungen und entsprechendem Landtausch, besonders für die drei größten jüdischen Siedlungen, die jenseits der Grenzlinie von 1967 auf arabischem Boden liegen und Israel wahrscheinlich einverleibt würden.

Die Heilige Stadt würde geteilt: Ost-Jerusalem würde die Hauptstadt der Palästinenser, und der Westteil bliebe die Hauptstadt Israels. Die Heiligen Stätten der Juden und Muslime (und Christen) würden unter internationale Aufsicht gestellt. Das Rückkehrrecht der palästinensischen Flüchtlinge von 1948 und 1967 würde gemäß der UN-Resolution 191 von Israel quasi symbolisch anerkannt. Das heißt, nur eine kleine Anzahl von Palästinensern dürfte in ihre ehemalige Heimat, das heutige Israel, tatsächlich zurückkehren. Palästina wäre ein souveräner, aber entmilitarisierter Staat. Diese Einschränkung bedeutete in der Praxis, dass eine internationale Truppe, mit arabischer Beteiligung und vielleicht unter Führung der Nato, die Grenzen Palästinas beschützen würde. Die beiden, durch israelisches Hoheitsgebiet etwa 50 Kilometer weit voneinander getrennten Landesteile Gaza und Westbank würden mit einem Schienenweg und einer Schnellstraße unter internationaler Aufsicht verbunden.

Der Irak und der steinige Weg in eine bessere Zukunft

Präsident Obama und seine Fachleute werden im Irak einen Berg von Problemen abzutragen haben, bevor der notwendige Abzug der amerikanischen Truppen verantwortlich abgeschlossen werden kann. Obama übernimmt ein schweres Erbe. Doch einfach hatten es die Eroberer im Land zwischen Euphrat und Tigris – der Wiege der menschlichen Kultur – niemals, weder in der Antike, im Mittelalter noch in der Neuzeit. Ein kurzer Rückblick lässt das erkennen.

Schon die osmanischen Sultane hatten über Jahrhunderte hinweg ihre liebe Not damit, die Provinzen Mossul, Bagdad und Basra unter Kontrolle zu halten. Zu viele zentrifugale Kräfte waren dort am Werk, als dass die Strategen der Hohen Pforte sich im Blick auf dieses Land hätten bequem zurücklehnen können. Von hier aus musste der Sultan seine Grenze zu Persien und später auch zu den Arabern der Halbinsel, vor allem den fanatischen Wahhabiten, verteidigen. Die Bevölkerung war äußerst heterogen: Es gab Kurden, Araber und Jesiden ebenso wie Sunniten und Schiiten. Den osmanischen Gouverneuren gelang es nur selten, die einflussreichen Stammesallianzen aufzubrechen. Das begrenzte die Exekutivgewalt der Vertreter des Sultans, die an der Macht der irakischen Scheichs oft nicht vorbeikamen.

Als die Briten nach der Zerschlagung des Osmanischen Reiches am Ende des Ersten Weltkriegs die drei so unterschiedlichen Provinzen zu einem Zentralstaat zusammenfügten, taten sie dies nicht, weil diese Gebiete zu einer organischen Einheit hätten zusammenwachsen können. Sie folgten nur ihren imperialistischen Interessen – nicht zuletzt wegen der Ölfunde im kurdischen Norden und im schiitischen Süden des Landes. Sie machten aus dem Irak eine Erbmonarchie unter ihrer Vormundschaft und entließen das Land 1932 formal in die Unabhängigkeit.

Der britische Einfluss im Irak endete jedoch erst im Jahre 1958, als irakische Offiziere der Monarchie von Englands Gnaden ein blutiges Ende setzten. Nachdem die panarabische Baath-Partei zur staatstragenden Kraft geworden war, stieg Saddam Hussein zügig in die Führungsriege auf, bis er 1979 schließlich die Alleinherrschaft im Irak an sich riss. Der Despot Saddam machte aus dem Irak eine »Republik des Schreckens«. Er unterdrückte jede Opposition mit brutaler Gewalt und verfolgte die irakischen Schiiten und vor allem die Kurden, die größte ethnische Minderheit, mit furchtbarer Grausamkeit.

Der verlorene Mittelstand

Infolge der amerikanischen Invasion (2003) hat die irakische Gesellschaft einen schmerzhaften Aderlass hinnehmen müssen. Jahrelang stand vor allem die gebildete Mittelklasse im Visier ideologisch motivierter Mörderbanden, die der Zivilgesellschaft den Garaus machen wollten. Fast zweihundert Universitätsprofessoren sind allein zwischen 2003 und 2006 umgebracht worden.

Viele Ärzte und Wissenschaftler aller Glaubensrichtungen haben ihrer Heimat den Rücken gekehrt. Schiitische und sunnitische Muslime ebenso wie zahlreiche Christen sind aus Angst um sich und ihre Familien geflohen. Sie verließen den Irak aber auch, weil sie in einer säkularen Gesellschaft leben wollten, in der die Religion und die Stammeszugehörigkeit in den privaten Hintergrund treten.

Nicht nur Akademiker und Mitglieder der etablierten Verwaltungselite waren in ihrer Existenz bedroht, auch die einheimische Wirtschaft wurde in ihren Grundfesten erschüttert. Die Probleme begannen mit der radikalen Privatisierungspolitik kurz nach der Invasion in den Irak. Aufgrund der Empfehlungen des Internationalen Währungsfonds schafften die amerikanischen Besatzungsbehörden sämtliche Investitionsbeschränkungen für ausländisches Kapital ab. Das lockte multi-nationale Firmen an, deren Vorgehen sehr schnell den Zusammenbruch vieler kleiner Firmen verursachte. Dadurch kollabierte ein großer Teil der ortsansässigen Wirtschaft, und unzählige Arbeitsplätze gingen verloren.

Allerdings ist die systematische Eliminierung großer Teile der Mittelklasse nichts Neues für den modernen Irak. Es geschah bereits zweimal in den 1950er- und den 1970er-Jahren. Nach der Gründung des Staates Israel (1948) und dem damit verbundenen arabisch-israelischen Krieg wurde das Leben der zuvor gut in die irakische Gesellschaft integrierten jüdischen Bevökerung immer schwieriger. Die meisten der ungefähr 120 000 Juden emigrierten. Damit verlor der Irak einen wichtigen Teil seiner Elite. Denn es handelte sich meist um Regierungsangestellte, Professoren, Geschäftsleute, Juristen, Ärzte, Journalisten und Musiker.

Die zweite Vertreibungswelle traf die gut situierten Geschäftsleute, die in den Märkten an die Stelle der Juden getreten waren. Die schiitischen Kaufleute wurden von Saddam Hussein aus dem Land getrieben. Er behauptete einfach, sie seien Iraner und keine Araber. Viele der wohlhabenden Händler wurden in den 70er- und 80er-Jahren zwangsenteignet, ihre Vermögen beschlagnahmt und von Saddam an Gefolgsleute und Klienten seines Regimes verteilt.

Saddams brutale Willkür stoppte eine Entwicklung im Irak, die schon Grundzüge einer sich formenden Zivilgesellschaft zeigte. Denn die gebildete Mittelklasse hatte trotz Gewalt und Unterdrückung im Lande begonnen, politische Parteien und berufsständische Organisationen zu gründen, die religiöse und stammesbezogene Grenzen bewusst hinter sich ließen. Doch bald hatte die urbane Mittelklasse im Irak ihre Unabhängigkeit wieder verloren. Gut ausgebildete Fachleute sahen sich aufgrund der Repression des Saddam-Regimes gezwungen, der staatstragenden Baath-Partei beizutreten, wenn sie überleben wollten. Lukrative Aufträge und Geschäftsabschlüsse aller Art hingen allein davon ab, ob die Bewerber als loyal galten und wie nah sie der herrschenden Clique standen.

Umso kurzsichtiger war es von der amerikanischen Besatzungsmacht, die ehemaligen Mitglieder der Baath-Partei kollektiv dafür büßen zu lassen, dass sie unter Saddam das getan hatten, was notwendig war, um wirtschaftlich und auf gesellschaftlicher Ebene zurechtzukommen. Die Folgen dieser amerikanischen Politik sind heute nur allzu deutlich sichtbar.

Die Iraker, die unter Saddam außerhalb des Systems standen, gehörten überwiegend zu den ärmeren Schichten. Sie konnten ihren Lebensunterhalt nur mit Hilfe der Stammesführer oder durch die Unterstützung der religiösen Netzwerke bestreiten. Diese Abhängigkeit brachte die Menschen unter den Einfluss der islamistischen Parteien. Hier liegt der Schlüssel für die massive »Re-Islamisierung« des Irak unter amerikanischer Besatzung. Jene Führer, die vordem im Schatten des Saddam-Regimes, im Untergrund oder sehr oft im iranischen Exil agierten, sitzen heute an den Schalthebeln der Macht in den Ministerien. Sie verwalten große Summen und entscheiden über die Besetzung von Arbeitsplätzen. Bisher verteilen sie ihre Mittel nur an solche Iraker, die ihre religiöse Gesinnung teilen oder zu ihrem Clan oder Stamm gehören. Die von ihnen Begünstigten sind also ebenso wenig unabhängig, wie es die Mittelschicht unter Saddam war.

Wenn der Irak eine Chance haben soll, mittelfristig eine demokratische Ordnung aufzubauen, müssen Verhältnisse geschaffen werden, die die Wiedergeburt einer selbstbestimmten Mittelklasse ermöglichen. Bis dahin ist es noch ein weiter und mühsamer Weg.

Verlauf und Ergebnis der Provinzwahlen Ende Januar 2009 sind allerdings ein ermutigendes Zeichen für eine mögliche Entwicklung des geschundenen Landes in die richtige Richtung. Die irakischen Wähler konnten ihre Stimmen dieses Mal ohne Bomben, Selbstmordanschläge und Überfälle abgeben. Und sie taten dies offenbar in dem Bewusstsein, dass es an der Zeit ist, die islamistischen Parteien wegen ihres Versagens in die Schranken zu verweisen. Die Tatsache, dass die sunnitische Bevölkerung die Wahlen nicht mehr boykottierte, so wie 2005, lässt vermuten, dass die Sunniten nun bereit sind, am politischen Prozess teilzunehmen. Bemerkenswert ist vor allem, dass die Wähler jene Kandidaten bevorzugten, die für nationale Anliegen wie Recht und Ordnung und das staatliche Gewaltmonopol eintraten. Auf sunnitischer wie auch auf schiitischer Seite schnitten die Islamisten schlechter ab als ihre Gegenspieler, die mit einer säkularen Botschaft angetreten waren.

Die Söhne des Irak

Dennoch bleibt der Irak weiterhin ein Land mit nur begrenzter staatlicher Autorität, das den Menschen noch kein sicheres Leben im Alltag garantieren kann. Kurz vor Bekanntgabe der Wahlergebnisse wurden in einem Restaurant in Khanakin, nordöstlich von Bagdad, 15 Menschen durch eine Bombe getötet. Ein Beleg dafür, dass die terroristische Gefahr noch nicht gebannt und ein Aufflammen des Widerstands jederzeit möglich ist.

Man sollte nicht übersehen, dass die Regierung von Premierminister Nuri al-Maliki das Truppenstationierungsabkommen mit den USA im November 2008 erst nach langem Hin und Her abgesegnet hat. Erst nachdem Amerika sich in dem Vertrag verpflichtet hatte, von irakischem Boden aus künftig keine militärischen Aktionen gegen Nachbarländer des Irak zu unternehmen, gaben 27 von 28 Ministern im Kabinett Maliki ihr Plazet zu dem Statut. Auf dieser Klausel hatten die religiösen schiitischen Parteien bestanden, die eng mit Teheran verbunden sind und die Mehrheit in der Regierung stellen. Das geschah auf Geheiß des Iran, der sich die US-Armee vom Leibe halten will. Das Abkommen, wonach die amerikanischen Kampftruppen nur noch bis Ende 2011 im Irak bleiben dürfen, ist erst nach der Wahl von

Barack Obama verabschiedet worden, der bekanntlich für einen direkten Dialog mit dem Iran eintritt. Es spricht einiges dafür, dass Teheran sein verdecktes Veto gegen das Statut zurückgezogen hat, um zu signalisieren, man sei bereit, mit Präsident Obama über die Zukunft des Irak und, damit verbunden, über die regionale Rolle des Iran zu sprechen.

Wie dem auch sei, die Art und Weise, wie der Stationierungsvertrag zustande gekommen ist, verdeutlicht den großen Einfluss des Iran auf den Lauf der Dinge im Irak. Daran hat sich auch nach den Provinzwahlen Anfang 2009 nichts geändert. Wenn der Irak auf Dauer stabilisiert werden soll, so kann das Amerika nicht gegen den Iran, sondern nur mit ihm erreichen.

Darüber hinaus sind eine Reihe grundsätzlicher Probleme ungelöst, die den Bestand des Irak unverändert bedrohen. Auf sunnitischer Seite gibt es die »Söhne des Irak«, von den US-Truppen bewaffnete und entlohnte Stammesmilizen, die die Terroristen von al-Qaida bekämpfen. Es handelt sich um Zehntausende von jungen Männern, die mittelfristig in die Armee- und Polizeikräfte des Landes integriert werden oder in andere Anstellungen gebracht werden müssen. Bisher war die schiitisch dominierte Regierung dazu nur in begrenztem Maße bereit. Dabei spielt offenbar der Umstand eine Rolle, dass die Sicherheitskräfte heute zu einer Domäne der Schiiten geworden sind und diese die Sunniten, die früheren Herrn des Irak, nur sehr ungern in diesem Bereich wieder aufsteigen sehen wollen. Ein solch unsicheres Schicksal vor Augen, könnten die sunnitischen Milizionäre zum bewaffneten »Widerstand« zurückkehren. Es bestünde dann die reale Gefahr, dass sich wiederholt, was nach der Zwangsauflösung der alten irakischen Armee durch die USA geschah, als die arbeitslosen Soldaten wegen ihrer hoffnungslosen Lage gegen die Amerikaner zu den Waffen griffen.

Selbst wenn die »Söhne des Irak« integriert werden, bleiben Teile der irakischen Sunniten aus der Mitte ihrer Gesellschaft, die es ablehnen, sich am politischen Prozess im Lande zu beteiligen, und jene Kräfte unterstützen, die unverändert gegen die Besatzung und die irakische Regierung vorgehen. Unterdessen verharren die Terroristen von al-Qaida in ihren Verstecken und lauern darauf, den politischen Prozess zu untergraben und Anarchie und Gewalt in den Alltag der Menschen zurückzubringen.

Auch die schiitische »Mahdi-Armee« stellt ein Sicherheitsrisiko dar. Sie ist militärisch zwar geschwächt, nachdem die irakische Armee mit amerikanischer Hilfe massiv gegen sie vorgegangen ist. Doch sie wird von den verarmten schiitischen Massen getragen. Wenn die sozialen Probleme dieser unzufriedenen Bevölkerungsgruppe von der Regierung ignoriert werden, könnte die Mahdi-Miliz relativ schnell militärisch wieder auf den Plan treten. Um das zu verhindern, müssen die Lebensbedingungen, die Sozialleistungen und die Infrastruktur in den Wohngebieten der schiitischen Unterschichten verbessert werden.

Es ist noch nicht ausgemacht, ob Sunniten und Schiiten sich friedlich über die Zukunft des Irak einigen oder darüber in einen weiteren Konflikt geraten werden. Es fehlt eine Übereinkunft zwischen Schiiten, Kurden und Sunniten, wie die Macht im Staate und die Öleinnahmen aufgeteilt werden sollen. Kirkuk, das ölreiche Gebiet im Norden des Irak, ist ein Pulverfass. Kurden, Araber und Turkmenen reklamieren Kirkuk gleichermaßen für sich, und das macht die Lage in der Stadt und ihrer Umgebung instabil und gefährlich. Die irakischen Politiker müssen bei all diesen Problemen eine abgestimmte Lösung finden. Und schließlich müssen sie darüber entscheiden, ob sie die religiöse, ethnische und kulturelle Vielfalt ihres Landes in die Einheit eines föderalen Bundesstaates einbringen wollen. Erst wenn diese Hürden überwunden sind, werden die geflohenen Iraker und damit ein großer Teil der intellektuellen Elite zurückkehren, um ihr geschundenes Land wieder aufzubauen.

Die arabischen Staaten, die den großen Einfluss des Iran in Bagdad beklagen, können einiges tun, um ihre eigene, bisher schwache Rolle im Irak zu stärken. Nur so ließe sich mittelfristig ein arabisches Gegengewicht zum Iran aufbauen. Noch steht dem das wechselseitige Misstrauen entgegen, das die schiitisch geführte Regierung in Bagdad und ihre sunnitisch-arabischen Nachbarn trennt. Dennoch sollten die arabischen Regimes über ihren Schatten springen und ihr Verhältnis zu allen Irakern, also Schiiten, Kurden und Sunniten, verbessern. Neben verstärkten diplomatischen Kontakten ist die wirtschaftliche Zusammenarbeit der Araber mit Bagdad besonders wichtig. Das würde die irakische Regierung in die Lage versetzen, gegenüber der schiitischen Geistlichkeit in Teheran mit mehr Selbstbewusstsein aufzutreten. Mittelfristig könnte so der quasi hegemoniale Einfluss des persischen Iran im arabischen Irak zurückgedrängt werden.

Die Brisanz der Kurdenfrage

Die Kurden leben von alters her in ihren angestammten Siedlungsgebieten. Durch die Grenzziehung der europäischen Kolonialmächte nach dem Ersten Weltkrieg und die Entstehung der türkischen Republik sind die kurdischen Stämme heute jedoch über vier Staaten verteilt: Irak, Türkei, Iran und Syrien. In all diesen Ländern ist das kurdische Volk seit Jahrzehnten Repressionen ausgesetzt.

Vor allem in der Türkei und im Irak hätte man die Kurden am liebsten assimiliert und ihre kulturelle Identität ausgelöscht, um ihnen ihre nationalen Ambitionen dauerhaft zu nehmen. Auch im Iran und in Syrien sind die Kurden bis heute Verfolgungen der Staatsorgane ausgeliefert; eine wirkliche Gefahr für die territoriale Integrität dieser Staaten stellten sie aber nicht dar. Denn über weite Strecken des 20. Jahrhunderts waren die Kurden untereinander oft bis aufs Blut zerstritten. In ihrer Mehrzahl gehören sie der sunnitischen Glaubensrichtung des Islam an. Ihre Sprache ist mit dem Persischen verwandt.

Unter Saddam Hussein wurden viele Kurden im Irak mit Gewalt umgesiedelt; 1986 wurden Tausende von kurdischen Frauen, Kindern und Männern in Halabja im Nordirak mit Giftgas umgebracht.

Die irakischen Kurden verhielten sich besonders rebellisch. Den 1. Golfkrieg 1991[43] nutzten sie zum Aufstand gegen Bagdad, um ihre Autonomie oder gar ihre Unabhängigkeit durchzusetzen. Die islamische Republik Iran unterstützte sie dabei, wie der Schah das schon Anfang der 1970er-Jahre getan hatte, um das irakische Regime zu schwächen. Doch die beiden Aufstände endeten nach anfänglichen militärischen Erfolgen als Desaster für die Kurden. Als im Frühling 1991 über eine Million kurdischer Flüchtlinge an der türkischen und iranischen Grenze verzweifelt Schutz suchten vor Saddams mörderischen Truppen, mussten Amerika und seine Alliierten handeln. Sie verfügten ein Flugverbot über Irakisch-Kurdistan, das aus dem Gebiet praktisch eine geschützte Zone machte, in die sich Saddam nicht mehr hineinwagte. Das ermöglichte es den Kurden, zum ersten Mal in der neueren Geschichte, ein quasi unabhängiges Staatsgebilde zu errichten. Seither regieren sie sich de facto selbst. Das funktioniert seit 1991 vor allem auch deshalb, weil die beiden führenden kurdischen Parteien (Demokratische Partei Kurdistans [KDP] und Patriotische Union Kurdistans [PUK]) ihre alte Rivalität im Zaum halten und die USA wertvolle Unterstützung leistet. Das hat gewiss zur Prosperität von Irakisch-Kurdistan beigetragen, ebenso wie die stabile Sicherheitslage, für die die Pershmerga sorgen, die ehemaligen kurdischen Freischärler.

Das besondere Verhältnis zwischen den USA und den Kurden erklärt sich auch aus der Tatsache, dass die amerikanische Armee bei ihrem Feldzug 2003 gegen Saddam Hussein im Nordirak auf die kurdischen Milizen angewiesen war. Das ergab sich aus der Weigerung der türkischen Regierung, den USA von der Türkei aus eine zweite Front gegen Saddams Republikanische Garden zu eröffnen. Die Kurden waren die einzige irakische Bevölkerungsgruppe, die die amerikanischen Besatzer als Befreier ansahen. In den ersten Jahren der Besatzungszeit arbeiteten sie eng mit den großen schiitischen Formationen zusammen, während viele der entmachteten Sunniten nicht nur häufig die Terroristen von »al-Qaida im Irak« gewähren ließen, sondern sich selbst gegen die amerikanische Besatzungsarmee erhoben. Es gelang den Kurden, die Provinzgrenzen von Irakisch-Kurdistan zu ihren Gunsten zu erweitern, um die Folgen der jahrzehntelangen ethnischen Säuberungen zu ihren Lasten zu revidieren. Ihre ethnische Identität als kurdisches Volk ist sogar in der irakischen Verfassung von 2005 verankert. Darin werden die Kurdische Regionalregierung (KRG) als eine Säule des föderalen Staatsgebildes Irak und Arabisch und Kurdisch als offizielle Landessprachen anerkannt.

Die vehementen Autonomiebestrebungen der Kurden, ihre Entschlossenheit, verlässliche staatliche Strukturen zu schaffen und eine robuste Wirtschaft aufzubauen, haben den Verdacht genährt, Irakisch-Kurdistan solle am Ende ein unabhängiger Staat werden. Vor allem die Türkei und der Iran sind entschlossen, eine solche Entwicklung zu verhindern. Sie wenden sich schon gegen einen föderalen Irak, weil sie fürchten, von ihren eigenen kurdischen Minderheiten mit Autonomieansprüchen konfrontiert zu werden.

Die irakischen Kurden verlangen, dass die Provinz Kirkuk ihrem Autonomiegebiet zugeschlagen wird. Dem widersetzen sich die dort lebenden Araber sowie die Türkisch sprechenden Turkmenen, vor allem aber die Türkei. Doch auch die Nachbarstaaten Iran und Syrien lehnen eine solche Regelung ab.

Die Gründe liegen auf der Hand. Wenn die Stadt

Kirkuk und die umliegenden Ölfelder unter kurdische Kontrolle geraten, könnte die Regierung von Irakisch-Kurdistan versucht sein, die Unabhängigkeit von Bagdad auszurufen. Die Unterstützung der kurdischen Bevölkerung besäße sie allemal. Mit der Provinz Kirkuk und den Einnahmen aus dem zweitgrößten Ölfördergebiet des Irak hätten die Kurden die Voraussetzungen, sich vom Irak abzuspalten. Deshalb sind die Spannungen unter den verschiedenen Volksgruppen in Kirkuk eine ständige Sorge der Zentralregierung in Bagdad. Außerdem hat die Türkei wiederholt deutlich gemacht, dass sie sich genötigt sehen könnte, im Nordirak zu intervenieren, falls die Kurden die Provinz Kirkuk übernähmen.

Bagdad steht vor einem Dilemma. Einerseits bestehen die Kurden auf dem in der Verfassung festgelegten Referendum über Kirkuk, andererseits fürchtet die Zentralregierung bewaffnete Auseinandersetzungen, sollten die Kurden die Volksabstimmung gewinnen. Deshalb hat das Referendum bisher nicht stattgefunden. Das Konfliktpotenzial erhöht sich durch die Frage, wer in den Besitz des Ölreichtums von Kirkuk gelangt. Sollten die Kurden die Ölförderung kontrollieren können, würden sie einen erheblichen Teil der Petrodollars in die eigene Haushaltskasse lenken. Im Südirak würden die Schiiten ebenfalls Anspruch auf die dortigen Ölfelder erheben. Die Sunniten wiederum leben überwiegend in Gegenden, wo keine Erdölvorräte vorhanden sind. Sie befürchten, dass eine bundesstaatliche Ordnung im Irak, bei der die Öleinkünfte nicht über Bagdad verteilt würden, sie zu politischen *und* wirtschaftlichen Verlierern des neuen Irak machen würde.

Diese Probleme bergen die Gefahr eines weiteren irakischen Bürgerkrieges in sich. Darüber hinaus sieht die Türkei die kurdische Regionalregierung als mögliche Bedrohung ihrer territorialen Integrität. Sie fürchtet, der *kurdische Freiheitsgedanke* könnte vom Nordirak auf die türkischen Kurdengebiete überspringen und zu einer Mobilisierung der immer noch unterdrückten Minderheit führen. Außerdem versteckt sich ein großer Teil der PKK-Kämpfer[44] auf nordirakischem Boden. Das veranlasst die türkische Armee immer wieder zu militärischen Operationen jenseits der eigenen Grenze. Auch hier ist eine Zuspitzung der Lage nicht auszuschließen. Die türkischen Übergriffe könnten sich zu einem Konflikt ausweiten, in dem Ankaras hoch gerüstete Armee letztlich gegen die Kurden im Nordirak insgesamt vorgeht.

Ankara und die Kurden

Das Eskalationsrisiko besteht so lange fort, wie die Türkei die autonome kurdische Regierung im Irak als Bedrohung empfindet und die türkische Regierung selbst sich zu Hause als unfähig erweist, die eigene Kurdenfrage friedlich zu lösen. Das wird so lange nicht gelingen, wie Ankara den Kurden ihre ethnische Identität und ihre kulturelle Selbstbestimmung versagt.

Für Amerika bedeutet die Konfliktlage in und um das Kurdengebiet eine zusätzliche Sorge. Obwohl Ansehen und Einfluss der USA in der Region gelitten haben, ist keine andere Macht in der Lage, hier als Vermittler aufzutreten. Washington bleibt praktisch keine andere Wahl, als sich einzuschalten, weil zentrale amerikanische Interessen berührt sind. So würde Präsident Obama wohl den vorgesehenen Abzug der amerikanischen Truppen verzögern müssen, wenn ein neuer Bürgerkrieg im Irak ausbricht oder die Türkei ihre ungelöste Kurdenproblematik mit Waffengewalt in den Nordirak trägt. Als Erstes gilt es, die Provinz Kirkuk zu stabilisieren. Das gelingt nur, wenn Bagdad und die Kurden sich mit amerikanischer Hilfe auf eine Aufteilung der Öleinkünfte einigen. Notwendig ist auch eine Regelung für die Rückkehr der von Saddam verschleppten kurdischen Flüchtlinge.

Besonders wichtig ist die Konsolidierung der »bundesstaatlichen Ordnung« im Irak. Hier braucht Washington den Beistand der *gemäßigten* arabischen Staaten, um die irakischen Sunniten davon zu überzeugen, dass ein föderaler Irak die einzige Chance auf den künftigen Zusammenhalt des Landes bietet. Denn die Kurden werden sich nach Abzug der USA nur sicher fühlen, wenn ihre Autonomie in einem förderalen Irak fest verankert ist. Zwar fürchten Saudi-Arabien und Ägypten, dass durch eine föderale Struktur der iranische Einfluss auf die Schiiten im Süden des Irak zementiert wird – und wohl auch, dass ein souveräner Kurdenstaat im Norden entsteht. Aber ein zentralistisches System, im dem die Schiiten als größte Bevölkerungsgruppe dominieren und die Interessen der anderen Gruppen nachrangig behandelt würden, hat wenig Erfolgsaussichten. Ein unendlicher Konflikt wäre vorprogrammiert.

An einem Zerfall und der darauf folgenden dauerhaften Destabilisierung des Irak kann indes niemandem gelegen sein. Weder Amerika noch seine arabischen Freunde, der Iran oder die Türkei dürften darauf erpicht sein, al-Qaida und seinesgleichen nach dem pakistanisch-afghanischen Grenzgebiet auch den Irak als Operations- und Ausbildungsbasis zu überlassen.

Wenn Washington deutliche Zeichen setzt – auch der Türkei gegenüber –, dass die Kurdische Regionalregierung eine Institution von Dauer ist, die den Schutz Amerikas genießt, wird das seine Wirkung nicht verfehlen. Die politische Klasse in der Türkei müsste ein objektives Interesse an einem intensiven Dialog mit den irakischen Kurden haben. Das würde die Region stabilisieren und die Chancen auf die Einbindung der PKK in einen politischen Prozess erhöhen, und zwar mit Hilfe der USA und der Regionalregierung. Das setzt allerdings voraus, dass sich Politik und Militär in der Türkei von der Idee des alles überragenden *Türkentums* distanzieren. Dieser oft in den Chauvinismus abgleitende, vormodern anmutende Nationalismus verhindert in der Türkei nicht nur eine rationale Herangehensweise an die Kurdenfrage, sondern auch die Entwicklung einer offenen Zivilgesellschaft.

Der Iran, Amerika und die Bombe

Im Februar 2009 feierte der Iran den 30. Geburtstag der islamischen Revolution. Damals, 1979, dachten viele im Westen, diese von Ajatollah Ruhollah Khomeini mit finsterem Blick geführte Revolution sei eine vorübergehende Erscheinung und sie werde bald in sich zusammenbrechen. Doch das Herrschaftssystem der schiitischen Geistlichen scheint fest verankert und vorwiegend getragen von den unteren Schichten der Bevölkerung. Rund 70 Prozent der etwa 72 Millionen Iraner sind jünger als 30 Jahre, und eine große Zahl der jungen Leute hat eine gute oder sehr gute Ausbildung. Unter ihnen gibt es viele Akademiker, die dem islamischen System und seiner Staatsdoktrin reserviert gegenüberstehen. Dennoch halten diese jungen Iraner die Revolution für eine Umwälzung, die das Land nach vorne gebracht hat. Dabei argumentieren sie ziemlich nüchtern, aber auch mit deutlich erkennbarem Nationalstolz:

»Ich glaube, nicht die Zerstörung, der Schmerz und die vielen Toten werden in der Geschichte einen bleibenden Eindruck hinterlassen, sondern vielmehr die Errungenschaften der Revolution – Unabhängigkeit, Selbstständigkeit und Selbstversorgung. Der Iran hat riesige Fortschritte gemacht. Vor 30 Jahren hätte wohl niemand gedacht, dass wir dazu fähig sind, einen Satelliten in den Weltraum zu befördern oder uns den Zugang zur Nukleartechnologie zu verschaffen. Als Iraner ist es schwer, keinen Stolz auf den Satelliten zu empfinden. Außerdem gab es große Verbesserungen bei den Lebensbedingungen der Menschen in den letzten 30 Jahren, zum Beispiel die Versorgung mit sauberem Wasser oder die gestiegene Lebenserwartung.

Ich weiß, die Generation meiner Eltern ist weniger zufrieden mit den Leistungen der Revolution. Sie betrachten die 1970er-Jahre als Goldenes Zeitalter, als Petrodollars in die iranische Wirtschaft gepumpt wurden und der Lebensstandard sich kontinuierlich verbesserte. Ich denke, in ihrer Vorstellung haben sich die Bedingungen im Iran in den vergangenen 30 Jahren kontinuierlich verschlechtert.

Aber meine Generation ist während der acht Jahre Krieg gegen den Irak (1980–1988) und der folgenden Wiederaufbauphase aufgewachsen. Für mich hat sich die Lage also immer weiter verbessert. Ich denke, das erklärt den Meinungsunterschied.

Das heißt gewiss nicht, dass ich mit allem hier glücklich bin. Zum Beispiel die Beschränkungen im gesellschaftlichen Leben oder das Missmanagement in vielen sozialen Bereichen. Ich meine, Regierungen sollten sich nicht in das Privatleben der Menschen einmischen. Es ist auch eine Tatsache, dass die Korruption sehr verbreitet ist. Doch das ist ein historisches Problem: Korruption haben wir seit 200 Jahren. Andererseits gibt es hier Chancen, die in Ländern, die uns weit voraus sind, nicht existieren.

Ich bin Investmentbanker. In Europa müsste ich in den Fünfzigern sein, um einen Job auf meinem Niveau zu bekommen. Ich bin aber erst 29 Jahre alt. Ich habe im Ausland gelebt und studiert. Und mit einiger internationaler Erfahrung kannst du hier viel schneller weiterkommen.

Weltweit ist der Iran heute eines der unabhängigsten und selbstständigsten Länder, das sich selbst versorgen kann. Nach Jahrhunderten, in denen das Land eine leichte Beute war, ist das etwas, worauf man heute wirklich stolz sein kann. Ich gehöre nicht zu jenen, die sagen, dass der islamische Staat bald verschwinden wird. Aber ich bin der Meinung, dass er lernen muss, gesellschaftliche und politische Freiheiten zuzulassen, wenn er dauerhaft fortbestehen will.«[45]

So weit der junge Investmentbanker Ramin aus Teheran, der sich, wie die meisten seiner Generation, mit dem islamischen System arrangiert hat.

Ältere Iraner, die selbst bei der Revolution mitgemacht haben, urteilen wesentlich kritischer. Besonders die säkularen Aktivisten der Linken, die Kommunisten und die Nationalisten sehen das Ereignis rückblickend mit anderen Augen. Sie gehörten mit ihren Gruppen zu der dynamischen Allianz, in der die Islamisten eine tragende Rolle spielten. Doch ohne die säkularen Kräfte hätte die Revolution sich vermutlich nicht so schnell gegen das alte Regime durchsetzen können. Viele aus der alten Linken beklagen heute ihre damalige Naivität und auch den Mangel an taktischer Koordination und strategischen Konzepten innerhalb des säkularen Lagers. Sie hatten Ajatollah Khomeini geglaubt, der fortwährend über Meinungsfreiheit und Demokratie redete, und zwar in einer Weise, die für säkular eingestellte Revolutionäre verführerisch war. Außerdem hatten sie gedacht, dass die Revolution nur unter der einigenden Führung des von allen Kräften in der Gesellschaft hoch angesehenen Ajatollahs eine Chance zum Sieg habe.

Als dann Khomeinis Pläne konkrete Gestalt annahmen, eine gottesstaatliche Ordnung zu schaffen, mit dem Islam und seinen Regeln als einziger Grundlage, wachten die Marxisten und Nationalisten auf. Sie wandten sich von ihm ab. Aber zu spät. Die Islamisten um Khomeini fühlten sich dank der massenhaften Unterstützung der »Barfüßigen« so stark, dass sie die anderen politischen Gruppen von den neuen Machtzentren ausschlossen. Das waren der Oberste Revolutionsrat, die Komitees, die Revolutionsgarde sowie das Parlament und die Ministerien. Ajatollah Khomeini setzte auf sein Charisma und seine überwältigende Popularität, um seine islamistischen Ziele durchzusetzen. Er verengte die öffentliche Debatte über das Wesen des neuen Staates auf die »Islamische Republik« und ließ den Iranern bei der Volksabstimmung nur diese eine Wahl.

Bald nach der Machtergreifung Khomeinis wandten sich einige revolutionäre Gruppen gegen das neue Regime, und es kam zu bewaffneten Auseinandersetzungen. Schließlich füllten sich die alten Gefängnisse aus der Schahzeit mit unzähligen politischen Gefangenen. Kaum zwei Jahre waren seit der Revolution vergangen, als das Land unter der unerbittlichen Grausamkeit der *frommen Scharfrichter* erzitterte. Deren Geschäft waren Massenhinrichtungen: die physische Vernichtung der Opposition.

Das war der endgültige Sieg für Ajatollah Khomeini und sein neues Regime: die Herrschaft des *Gottesgelehrten* in der Islamischen Republik.

Schon all die Jahre seit Khomeinis Tod (1989) sitzt Ajatollah Khamenei auf dem Stuhl seines einstigen Mentors. Der hatte ihn ausgewählt, weil er als beinharter Verfechter der Khomeini-Ideologie nicht in den

Verdacht geraten konnte, die Revolution und ihre Ideale zu verwässern. Und daran hat sich der amtierende »Führer« (»Rahba«) bis heute gehalten.

»Unabhängigkeit und Freiheit« war der Slogan der Revolution, schreibt die Rechtsanwältin Shirin Ebadi,[46] die 2003 den Friedensnobelpreis für ihre Menschenrechtsarbeit im Iran erhielt, in einem Beitrag für die BBC: »Nach der Revolution war das Land tatsächlich unabhängiger als zuvor, doch die Freiheit, die die Menschen im Iran erwarteten, stellte sich nicht ein.« Besonders die Rechte, die die Frauen noch unter dem Schah erhalten hatten, strich der Revolutionsrat schon fünf Monate nach der Machtergreifung aus den Gesetzbüchern. Die rechtliche Gleichstellung mit den Männern innerhalb von Ehe und Familie erklärten die Mullahs für null und nichtig und machten die Frauen im Haus wie in der Gesellschaft wieder abhängig von den Männern. So, wie es das orthodoxe islamische Recht vorsieht.

Doch heute studieren interessanterweise erheblich mehr junge Frauen (65 Prozent) an den Universitäten als junge Männer. Das ist eine Steigerung von 40 Prozent im Vergleich zu vorrevolutionären Zeiten und aus der Sicht einer Frauenrechtlerin wie Shirin Ebadi ein vielversprechendes Zeichen für eine bessere Zukunft: »Eine gebildete Frau, die eine Universität besucht, wird eines Tages in der Lage sein, ihre Rechte zurückzugewinnen. Meine Hoffnungen für die Zukunft des Iran liegen vor allem bei den Frauen und darüber hinaus bei den jungen Leuten allgemein.«

Seit der Wahlniederlage der Reformer 2005 ist der Einfluss der Hardliner im Staatsapparat wieder erheblich gewachsen. Sie erhalten die »Tod-für-Amerika«-Kultur am Leben und versammeln zu gegebenem Anlass

Massen von Menschen, die bereitwillig die alte Parole aus der Revolutionszeit skandieren. Das entbehrt nicht einer gewissen Ironie, denn die schweigende Mehrheit im Lande hegt eher positive Gefühle für Amerika.[47] Das heißt allerdings nicht, dass sie die amerikanische Politik in der Region immer gutheißen. Doch für das Regime ist es bei einem 70-Millionen-Volk nicht schwer, eine große Demonstration zu organisieren. Nicht selten gehen viele dieser Claqueure nach getaner Planerfüllung ins amerikanische oder britische Konsulat, um ein Visum zu beantragen.

Bei den meisten jungen Iranern fällt die abgenutzte *revolutionäre Rhetorik* nicht auf fruchtbaren Boden. Sie bewundern die amerikanische Kultur und wollen sich als Teil der westlichen Welt fühlen. Was sie mit vielen Amerikanern teilen, ist die Konsumfreude.[48] Es ist bemerkenswert, dass ein angloamerikanischer »Geschenkanlass« wie der Valentinstag im Iran so beliebt ist. An diesem Tag verkaufen viele Geschäfte in den großen Städten Rosen, Schokolade und andere kleine Aufmerksamkeiten, mit denen sich Paare, Freunde oder enge Verwandte überraschen.

Viele junge Leute im Iran sind es überdrüssig, eine *religiöse Politik* ertragen zu mussen. Sie sehnen sich nach einer freieren Presse und liberaleren Kleidungsvorschriften. Sie begehren aber nicht offen auf. Nach den Gewaltexzessen während der Revolution und dem langen und verlustreichen Krieg gegen den Irak mit Hunderttausenden von Toten besteht in der iranischen Gesellschaft gegenwärtig keine Neigung zu einer neuen Revolution. Die Menschen wollen weder Tumulte noch neues Blutvergießen. Sie versuchen, die Verhältnisse vorsichtig und allmählich zu ändern. Sie hoffen, den *islamischen*

Tugendwächtern im öffentlichen Raum zu entgehen, und setzen mittelfristig auf die normative Kraft des Faktischen. Hier schwingt auch eine gewisse Resignation mit angesichts der drakonischen Vorgehensweise des Sicherheitsapparats in einem gleichgeschalteten islamischen Rechtssystem.

Im Alltag der jungen Iraner sind Internet, Handys und Satellitenfernsehen genauso verbreitet wie bei ihren Altersgenossen im Westen. Daran ändern die islamischen Verbote nur wenig, die indes vom Regime auch taktisch gehandhabt werden. Wenn es geboten erscheint, werden die »islamischen Zügel« etwas gelockert, damit die Iraner wieder etwas Luft schnappen können. Grundsätzlich aber bleibt die Beschneidung der privaten und gesellschaftlichen Freiheiten ein repressives Instrument des Regimes, das die revolutionären Hardliner jederzeit zur Unterdrückung Andersdenkender einsetzen können.

»Reformen ja, Umsturz nein«,[49] so fasst Mohammad Atrianfar, ehemaliger Chefredakteur eines politischen Magazins, die Grundstimmung im Iran zusammen.

Der aggressiven offiziellen Rhetorik zum Trotz ist die Mehrheit der Iraner pragmatisch eingestellt. Sie wollen ein besseres Leben, eine gute Ausbildung, Wohlstand und die Chance, ihre Ziele zu verwirklichen. Den einzigen Druck, den die junge Generation auf das Regime ausübt, erzeugt sie durch ihre bloße Existenz. Die Regierung muss für sie Arbeitsplätze und bezahlbare Wohnungen schaffen. Das ist bisher kaum gelungen. Obwohl der Iran über bedeutende Öl- und die zweitgrößten Gasvorkommen der Welt verfügt, leiden Wirtschaft und Gesellschaft unter hoher Arbeitslosigkeit, niedrigen Löhnen und einer ständig steigenden Inflation.

Im Übrigen sind viele der begabten jungen Leute eher

geneigt, ins Ausland zu gehen, als sich zu Hause für Reformen zu engagieren. Gleichzeitig sind sie stolz auf die wissenschaftlichen Erfolge ihres Landes, die trotz der internationalen Wirtschaftssanktionen erreicht wurden, wie die Beförderung eines Satelliten in den Weltraum im Februar 2009. Die westlichen Sanktionen, die dem Iran wegen seines Atomprogramms auferlegt wurden, halten sie für unfair. Die Beherrschung der Nukleartechnologie betrachten sie als das gute Recht des Landes. Sie verweisen darauf, dass Teheran dem Atomwaffensperrvertrag beigetreten ist und – im Gegensatz zu Indien, Pakistan und Israel[50] – mit den Inspekteuren der Internationalen Atomenergiebehörde kooperiert. Sie sind davon überzeugt, dass der Iran ein bedeutendes Land ist und als regionale Großmacht anerkannt werden sollte. Es kommt nicht von ungefähr, dass die junge Elite die Unabhängigkeit des Iran als eine der großen Errungenschaften der Revolution wertet.

Das iranische Volk ist sehr nationalbewusst und stolz auf seine jahrtausendealte Kultur. Es strebt schon seit dem 19. Jahrhundert danach, jede Fremdbestimmung abzuschütteln. Damals führten das russische Zarenreich und das Britische Empire die Perser mit hochfahrender Arroganz am Gängelband.

1953 wurde der frei gewählte iranische Premierminister Mohammad Mossadegh durch einen von der CIA inszenierten Putsch gestürzt, um Schah Reza Pahlevi in Teheran wieder an die Macht zu bringen. Die USA übernahmen mit dieser offenen Einmischung in die inneren Angelegenheiten des Iran endgültig die Rolle der Briten aus der Vergangenheit. US-Präsident Dwight D. Eisenhower wollte mit der gewaltsam erzwungenen Wiedereinsetzung des Schahs angeblich verhindern, dass der Iran in dem sich zuspitzenden Kalten Krieg in den Einflussbereich der Sowjetunion geriet. Doch Premierminister Mossadegh war ein gemäßigter Nationalist, der die von den Briten kontrollierte Anglo-Iranian Oil Company erst verstaatlichte, als die Briten sich weigerten, den Iran angemessen an seinen eigenen Bodenschätzen zu beteiligen.

Die Gewaltherrschaft des Schahs stand fortan in den Augen vieler Iraner für eine westliche Politik des Hochmuts und der moralischen Unglaubwürdigkeit. Amerika und seine europäischen Nato-Verbündeten billigten im Namen der Freiheit die brutale Unterdrückung des iranischen Volkes durch einen von den USA genährten Emporkömmling. Zu Hause hatte der Tyrann freie Hand, außenpolitisch trat er als Erfüllungsgehilfe Amerikas auf.

Es ist diese historische Erfahrung, die vor und während der Revolution alle Fraktionen der Anti-Schah-Bewegung unter dem Slogan vereinte: »Weder Ost noch West, sondern die Islamische Republik«.

Deshalb steht fast die gesamte iranische Bevölkerung in der Atompolitik an der Seite des Regimes, wenn es um die souveräne Nutzung der zivilen Nukleartechnologie wie etwa die Urananreicherung geht. Das gilt auch für viele prowestliche Dissidenten. Das Trauma des irakischen Überfalls im Jahr 1980 hat sich tief in das Bewusstsein der Iraner eingebrannt. Wäre das revolutionsgeschwächte Land im Besitz der Atombombe gewesen, hätte Saddam Hussein sich nicht dazu verleiten lassen, im Iran eine scheinbar leichte Beute zu sehen. Das glauben viele Menschen im Iran heute noch. Weder das islamistische Regime noch das iranische Volk haben vergessen, dass Saddam den Krieg vom Zaun brach und vom Westen, vor allem den USA, dazu ermuntert wurde. Von der finanziellen Unterstützung durch Saudi-Arabien und Kuwait in zweistelliger Milliardenhöhe ganz zu schweigen. Daraus lässt sich jedoch nicht ableiten, dass die Mehrheit der Iraner den Bau einer iranischen Atombombe um jeden Preis gutheißen würde. Vor allem dann nicht, wenn das einen Krieg mit den USA provozieren würde oder die andauernde internationale Isolierung des Iran zur Folge hätte, gekoppelt mit einem Wirtschaftsboykott, dem Russland und China sich anschlössen.

Islamische Theokratie mit demokratischen Elementen

Die Islamische Republik Iran wird von einem Mann beherrscht, Ajatollah Ali Khamenei. Anders als sein Vorgänger ist er jedoch kein überragender schiitischer Theologe, sondern an die Macht gelangt, weil ihn der Staatsgründer für politisch geeignet hielt. Gleichwohl steht er an der Spitze eines Systems, das auf dem Konzept des »Velayat-e Faqih« (»Herrschaft des obersten Rechts- bzw. Gottesgelehrten«) beruht. Das heißt, auf der absoluten Macht des Mannes, der als religiöses Oberhaupt seine Befehlsgewalt von Gott ableitet und somit den Titel »Vali-e Faqih« (»Oberster Rechtsgelehrter«) führt.

Diese schiitische Variante des islamischen Gottesstaates war eine Schöpfung von Revolutionsführer Khomeini und auf seine Person zugeschnitten. Den Begriff »Herrschaft des Gottesgelehrten« hat er zum ersten Mal 1969 in seinen Vorlesungen im irakischen Exil gebraucht, und unter diesem Titel hat er seine Vorstellungen über den theokratischen Staat auch veröffentlicht.[51]

Auch sein Nachfolger Ali Khamenei hält als oberster Führer alle Macht im Staate in seinen Händen. Der Präsident, sein Kabinett und die anderen Regierungseinrichtungen sind nur ausführende Organe, die den politischen Willen des Führers umsetzen. Artikel 57 der iranischen Verfassung verleiht dem obersten Führer absolute Autorität. Unter seiner Aufsicht handeln die Exekutive, die Legislative und die Justiz. Die Abgeordneten des Parlaments, die Minister, Richter und Staatsanwälte sind ausnahmslos der Kontrolle des obersten Führers unterworfen. Er ist Staatschef, Oberbefehlshaber der Streitkräfte und Chefideologe in einer Person. Seine Macht erstreckt sich auf die Wirtschaft, die religiösen und die kulturellen Institutionen des Landes.

Er ernennt den Leiter der staatlichen Radio- und Fernsehsender, kontrolliert die Moscheen und ernennt die »Freitagsprediger«. Das Freitagsgebet ist seit der Revolution eine religiöse Massenveranstaltung. Diese Versammlungen finden allwöchentlich am Feiertag der Muslime im ganzen Land statt. Sie sind prägender Bestandteil und Ausdruck der islamischen Herrschaft im Iran. Weit mehr als nur ein ritualisierter Akt, ist das Freitagsgebet vor allem ein unverzichtbares Herrschaftsinstrument des schiitischen Klerus zur Anleitung und zur Mobilisierung der unterprivilegierten Massen. Besonders in der Hauptstadt Teheran benutzen die Geistlichen das Freitagsgebet, um ihre Politik zu verkünden, internen Widerspruch zu geißeln oder außenpolitische Grundsätze zu formulieren. Die Prediger fordern kraft ihrer von »Gott abgeleiteten Autorität« nicht nur die Folgsamkeit der Massen, sondern warnen auch jene Kräfte in der Gesellschaft, die vom *rechten Weg der Revolution* abweichen wollen. Nach der Wahl des Reformers Mohammad Khatami zum Staatspräsidenten 1997 geriet das Freitagsgebet oft zum Propagandaforum der miteinander verfeindeten Mullah-Fraktionen. Dabei traten die Hartgesottenen unter den dogmatischen Erben Khomeinis betont aggressiv auf, um die drohende Liberalisierung der Verhältnisse im Lande zu verteufeln. Das geschah auch im Auftrag des über allen thronenden Führers, Ajatollah Ali Khamenei, der an der Spitze der unerschütterlichen Hardliner steht.

Der oberste Führer lenkt die Geheimdienste und die bewaffneten Organe, wie die Revolutionsgarden (»Pasdaran«) und die Freiwilligenmiliz (»Basij«), die unter dem Kommando der Pasdaran stehen. Sie schützen unter seiner Direktive die islamische Ordnung und die »Ideale« der Revolution durch Zwang und Repression.

Die Revolutionsgarden bestehen neben der regulären Armee und verfügen über Luft-, See- und Bodenstreitkräfte. Während der Herrschaft des Staatsgründers Ruhollah Khomeini (1979–1989) war es den Kommandeuren der Garden untersagt, sich in die Politik einzumischen. Das hat sein Nachfolger geändert.

Im Laufe der Jahre sind die Gardisten von Ajatollah Khamenei in Politik und Wirtschaft mit stetig wachsenden Machtbefugnissen ausgestattet worden. Es ist offensichtlich, dass der oberste Führer die Garde instrumentalisiert, um die Reformer kleinzuhalten. Aber der Herrscher sichert über das Gewaltmonopol der Garden auch seine absolute Macht. Anders als sein Mentor Khomeini ist er weder ein charismatischer Führer, noch hat er beim religiösen Establishment und den Frommen im Lande eine unanfechtbare Autorität als respektierter Groß-Ajatollah. Khomeini war ein berühmter Theologe, ein »Marja-e taqlid«, einer der seltenen Gelehrten, die in der schiitischen Tradition zur »Quelle der Nachahmung« aufsteigen und von den Gläubigen wie Heilige verehrt werden. Diese Aura fehlt dem amtierenden Führer. Ihm wurde der theologische Rang des Ajatollah nachträglich verliehen, und im Grunde ist er nur ein »Rahba«, ein »Führer«.[52]

Die Revolutionsgardisten rekrutieren sich vorwiegend aus der armen und oft ungebildeten Landbevölkerung, die nach Beschäftigungs- und Aufstiegschancen sucht. Während der Amtszeit von Präsident Mahmud Ahmadinedschad waren viele Mitglieder von Regierung und Verwaltung ehemalige Militärs oder Offiziere der Garden. Ihre privilegierte Stellung innerhalb des islamischen Systems und ihr wachsender wirtschaftlicher Einfluss prädestiniert die nationalistisch eingestellte Militärkaste dazu, eines Tages zu einem »Staat im Staate« zu werden.

Seine absolute Macht erlaubt es dem obersten Führer, unmittelbar in das Privat- und Berufsleben der Bürger einzugreifen. Dabei sind der Willkür keine Grenzen gesetzt. Jeder, der namens und im Auftrag des Führers handelt, muss sich nur ihm gegenüber verantworten. Der oberste Führer ist der alleinige Souverän, dem Gesellschaft und Staat unterworfen sind. Seine *von Gott entliehene Autorität* ist grenzenlos. Gegen sein Wort gibt es weder Berufung noch Revision. Und das gilt auch in der Außenpolitik. Dazu gehören die Sicherheits-, Energie- und natürlich die Atompolitik.

Dennoch ist der Iran kein rein totalitärer Staat. Die islamische Theokratie umfasst *demokratische Elemente* unterhalb der Ebene des herrschenden Führers. Es gibt ein Parlament, die »Madschles«, und einen direkt gewählten Präsidenten, dessen Kabinett von der Madschles bestätigt werden muss. Das Parlament ist aber nur mit beschränkten Kompetenzen ausgestattet und weit davon entfernt, die ausübende Gewalt zu kontrollieren. Die Gesetze, die in der Madschles verabschiedet werden, müssen vom »Wächterrat« gebilligt werden. Dieses Gremium überprüft jedes Gesetz auf seine Übereinstimmung mit den »islamischen Grundsätzen« der Verfassung. Der Rat besteht aus 12 Mitgliedern, sechs davon sind Mullahs und werden vom obersten Führer ernannt. Die anderen wählt das Parlament.

Der »Wächterrat« nimmt nicht nur die Gesetze unter die Lupe, sondern durchleuchtet auch jeden Kandidaten, der sich ins Parlament wählen lassen will. Hunderte, manchmal Tausende von unliebsamen Kandidaten wurden schon von den Wahllisten gestrichen, weil sie vor den »Wächtern« keine Gnade fanden. Auf diese Weise manipuliert das Regime die Zusammensetzung des Parlaments nach Belieben. Die »Wächter« durchleuchten Bewerber für die Präsidentschaftswahlen und Kandidaten für die »Expertenversammlung«. Diese besteht aus Geistlichen; sie wählt den obersten Führer und »beaufsichtigt« seine Amtsführung. De facto wird der »Führer« von jenen »beaufsichtigt«, die er selbst ernennt. Und das gilt praktisch für alle Gremien und »Räte« des Systems: Es sind Werkzeuge des obersten Führers.

In der »Islamischen Demokratie« ist das Volk nicht der Souverän, es gibt keine Gewaltenteilung, keine unabhängige Justiz und auch keine Gleichheit der Bürger vor dem Gesetz. Die Wahlen sind weder frei noch gleich. Und wenn der autoritäre Überwachungsapparat einmal einen »gottesstaatlichen Betriebsunfall«[53] hinnehmen muss, wie bei dem überraschenden Wahlsieg des Reformers Khatami, werden die Reformen in allen Instanzen und Institutionen von den konservativ-reaktionären Mullahs blockiert und revidiert. Die Reformer landen im Gefängnis, kritische Intellektuelle werden vom Geheimdienst ermordet und die Proteste der Studenten brutal und blutig mit Waffengewalt unterdrückt. Ein gewählter Präsident als Reformer hat keine Chance. Denn er hat keine gestaltende Macht, wenn der oberste Führer es so will. Gewiss, im Rahmen der »Diktatur des Islam« mag es einen ausgeprägten Pluralismus der Meinungen geben. Doch wenn es darauf ankommt, zählt nur eine Stimme: die des obersten Führers Ali Khamenei. Er herrscht unmittelbar, durch die von ihm gelenkten »Räte« oder durch seinen bewaffneten Arm, die Revolutionsgarden.

Ebenso wie Schah Reza Pahlevi hat Khamenei die iranische Außenpolitik fest unter seiner Kontrolle. Das bestätigt auch der ehemalige Vizeaußenminister Sadeq Kharrazi in einem Interview mit dem amerikanischen Nachrichtenmagazin *Newsweek* aus dem Jahre 2007: »Die Amerikaner sollten nicht versuchen, den obersten Führer zu übergehen, indem sie sich mit anderen Regierungsvertretern unterhalten. Wer mit dem iranischen Staat reden will, muss mit dem Führer sprechen. Er kennt jedes Wort, das in Verhandlungen gewechselt wurde. Irans Innenpolitik mag viele Kanäle durchschiffen. Aber die Außenpolitik ist äußerst zentralisiert.«[54]

Die aggressive Rhetorik und die Ausfälle von Präsident Mahmud Ahmadinedschad – wie das Leugnen des Holocaust und die Verneinung des Existenzrechtes Israels – sind nicht Ausdruck einer neueren außenpolitischen Linie des Regimes. Sie gehören zu seiner Methode, mit kruden Mitteln die arabisch-islamischen Massen für den Iran einzunehmen.

Er plustert sich auf als populistischer Vorreiter für die Sache der unterdrückten Palästinenser, indem er den Iran in die vorderste Front gegen den »Fremdkörper« Israel stellt. Ahmadinedschad ist ein grobschlächtiger Demagoge und ein engagierter Ideologe, der sich den Idealen der Revolution verpflichtet fühlt. Dazu gehört, in Anlehnung an den Staatsgründer, der »politische Kampf« gegen Israel. Ajatollah Khomeini pflegte zu sagen: »Israel muss aufhören zu existieren.«[55] Der Revolutionsführer unterschied die Juden als von ihm anerkannte Glaubensgemeinschaft[56] von Israel. Den jüdischen Staat sah er hingegen als »Krebsgeschwür«, das »zerstört« werden müsse.

Präsident Ahmadinedschad ist mit einigem Erfolg darauf aus, die armen Massen in Stadt und Land hinter sich zu bringen und den etwas erlahmten revolutionären Eifer neu zu entfachen. Gewiss geht es ihm auch darum, den politischen Export der iranischen Revolution anzukurbeln, um damit das »islamische Modell« zu verbreiten. Vor allem, da Teheran sich im regionalen Aufwind sieht – dank der amerikanischen Nahostpolitik in der Ära Bush.

Der »Führer« lässt den Regierungschef gewähren. Dessen Stil kommt ihm gelegen, da die Reformer sich so an den Rand gedrängt sehen. Und Khamenei kann seine offensive Außenpolitik ins internationale Rampenlicht rücken, ohne sich selbst zu exponieren. »Wenn wir Amerika oder Israel einen politischen Schlag versetzen können, werden wir das ganz sicher tun«,[57] sagte Ajatollah Khamenei im Juni 2007 vor Regierungsvertretern. Obwohl Ahmadinedschad mit der Leugnung des Holocausts dem Iran international geschadet hat, spielte der »Führer« die Bedeutung der Angelegenheit herunter und verteidigte seinen Regierungschef sogar öffentlich. »Amerikas Feindschaft orientiert sich nicht an Begriffen und Formulierungen. Es ist eine fundamentale Feindschaft. Über der iranischen Nation hing schon immer die Drohung eines militärischen Angriffs. Das ist nichts Neues.«[58]

Allerdings achtet der »Führer« peinlich darauf, nicht persönlich mit der Leugnungskampagne identifiziert zu werden. Was den Fortbestand des Staates Israel angeht, so redet Khamenei übrigens nicht der militärischen Vernichtung des jüdischen Staates durch den Iran das Wort. Das gestattet er auch seinem Präsidenten nicht. Stattdessen ist offiziell in Teheran zu hören, man unterstütze das politische Ziel, im historischen Palästina (Israel, Gazastreifen und Westbank) einen einzigen Staat zu etablieren, der dann zwangsläufig von der arabischen Bevölkerungsmehrheit geführt werde.

Das offensive Auftreten gehört auch zur Verteidigungsstrategie des Iran, der sich durch die massive Militärpräsenz der USA im Irak, am Persischen Golf und in Zentralasien eingekreist sieht. Jenseits der »ideologischen Pflicht«, *islamische Befreiungsbewegungen* aktiv zu fördern, ist die Unterstützung von Hamas und Jihad Islami in Palästina sowie der Hisbollah im Libanon ein Mittel, um als »Spielverderber« zu agieren, der die Lage in der Region nach Belieben destabilisieren kann. Das soll als Warnung an Amerika und Israel verstanden werden.

Klar ist, dass die Prinzipien der iranischen Außenpolitik nicht durch diesen oder jenen Präsidenten definiert werden. Wenn der nächste Regierungschef nach den Wahlen im Juni 2009 nicht mehr Ahmadinedschad heißt, ändert das außenpolitisch in der Substanz nichts. Die Kerninhalte der iranischen Außenpolitik liegen seit 30 Jahren mehr oder weniger fest.[59] Dafür stehen der auf Lebenszeit »gewählte« oberste Führer und seine prinzipielle Treue zu den Idealen der Revolution.

Einer der Gründungsmythen der iranischen Revolution war die Gleichsetzung von Antiamerikanismus und Antiimperialismus.[60] Schon in den ersten Tagen der Revolution formte sich daraus der ideologische Überbau der Islamischen Republik. Zwei tragende Pfeiler dieser Konstruktion sind bis heute der Widerstand gegen Amerika und die Feindschaft gegen Israel.[61] Sie sind integraler Bestandteil der »revolutionären Identität« und das ideologische Rückgrat des Regimes. Und somit in den Augen vieler Hardliner ein Maßstab für die Daseinsberechtigung des islamischen Systems.

Nach iranischer Ansicht verfolgen die Vereinigten Staaten im Nahen Osten imperialistische Ziele. Dabei sei Israel – vom Westen als »Fremdkörper« in Palästina eingepflanzt – als hoch gerüstete Militärmacht mit Atomwaffen ein nützlicher Helfer. Ajatollah Khamenei glaubt fest daran, dass Amerika den Nahen Osten zusammen mit den regionalen Verbündeten unter seine strategische Kontrolle bringen und die Energieressourcen ausbeuten wolle.[62] Deshalb sei es Irans Aufgabe, seine Unabhängigkeit zu bewahren, indem es gegen dieses hegemoniale und unterdrückerische System kämpfe. Dabei wolle man die Revolution verbreiten und Entwürfe für eine Islamische Republik vorlegen. Es gehe auch darum, die entrechteten Massen in der Welt des Islam zu verteidigen ebenso wie die Menschen, die durch Tyrannei unterdrückt werden.[63]

Das Misstrauen des obersten Führers gegenüber den USA hat nicht nur ideologische Gründe. Es ist verbunden mit der Befürchtung, dass der Iran seinen »islamischen« Charakter verlieren könnte, wenn das Land sich Amerika öffnet. Eine solche Öffnung würde weitreichende Reformen in Kultur, Wirtschaft und Politik bewirken, so vermuten auch westliche Kenner der iranischen Verhältnisse.

Khamenei scheint zu fürchten, dass die USA eigentlich nur ein Ziel verfolgen: einen Regimewechsel, um das Ende der Islamischen Republik herbeizuführen. Er hält es für naiv zu glauben, Amerika wolle den Iran nur zu einer anderen Politik in der Region bewegen. Teheran dürfe dem Druck und den Einschüchterungen der USA nicht nachgeben. Das würde als Schwäche aufgefasst und ziehe noch mehr Druck nach sich. Deshalb nimmt der Herrscher des Iran auch in der Atompolitik eine harte Haltung gegenüber den USA ein. Trotz der vom UN-Sicherheitsrat beschlossenen Sanktionen und der militärischen Drohungen in der Bush-Ära gibt er sich unbeugsam, trotzig und herausfordernd: »Rechte erlangt man nicht durch Bitten. Wenn man fleht, zurückweicht und sich flexibel zeigt, werden die arroganten Mächte ihre Drohungen noch verschärfen.«[64]

Für Khamenei ist das Atomprogramm zweifellos Teil des revolutionären Kampfes um die Unabhängigkeit des Iran. Er hält es für notwendig, um die Selbstversorgung des Landes zu sichern. Er ist überzeugt, dass Amerika das Nuklearprogramm ablehnt, weil der Iran dadurch seinen wirtschaftlichen Einfluss erhöhen und so seine politische Unabhängigkeit vergrößern kann.

Doch trotz seiner ideologischen Standfestigkeit und seines tiefen Misstrauens gegenüber den USA ist Khamenei offenbar auch zu pragmatischen Schritten in der Lage, wenn es den Interessen des Iran nutzt. So hat er im Mai 2007 öffentlich einen Dialog mit den USA über den Irak angeregt. Ein Jahr zuvor hatte er das schon einmal getan, war aber von der Bush-Regierung brüsk zurückgewiesen worden. Die Bereitschaft, mit den Amerikanern über den Irak zu reden, erwächst aus dem ureigenen Interesse, mittelfristig eine stabile Lage in dem Nachbarland zu schaffen, damit von Bagdad aus keine Gefahr mehr für den Iran ausgeht wie noch unter Saddam Hussein. Ein stabiler Irak schafft auch die Voraussetzung für den Abzug der amerikanischen Streitkräfte aus dem Zweistromland. Eine permanente US-Präsenz im Irak hieße aus Sicht des Iran: Kontrolle und Dominanz am Persischen Golf. Diese Aussicht veranlasste den ehemaligen Präsidenten Rafsandschani im Sommer 2008 zu der Drohung: »Wenn amerikanische Truppen im Irak bleiben, wird es keine Sicherheit im Irak oder in der Region geben.«[65]

Möglicherweise ist Khatamis Intransigenz gegenüber Amerika noch verstärkt worden durch die unverhüllte Absicht der Bush-Regierung, das islamische Regime zu stürzen. Schließlich zählte George W. Bush den Iran neben Nordkorea und Syrien zur »Achse des Bösen«. Jedenfalls hat der oberste Führer in einer Rede vor iranischen Studenten relativ deutlich zu erkennen gegeben, dass er sich in der Zeit nach Bush sogar die Aufnahme diplomatischer Beziehungen mit Washington vorstellen könne, falls das für den Iran vorteilhaft sei: »Wenn der Tag kommt, an dem Beziehungen mit Amerika für den Iran nützlich sind, werde ich zweifellos der Erste sein, der dem zustimmt.«[66]

Daraus könnte ein wachsendes Selbstvertrauen

Khameneis sprechen, das sich aus den Problemen Amerikas im Irak und darüber hinaus speist. Er mag davon ausgehen, dass Washington sich allmählich mit der unverzichtbaren Rolle des Iran im Nahen Osten abfindet und die Legitimität der islamischen Regimes künftig nicht mehr infrage stellt. Möglicherweise denkt er, dass die USA sich vielleicht sogar darauf einrichten, dass Teheran die Beherrschung des nuklearen Kreislaufs trotz aller Widerstände vollenden wird. Mit anderen Worten, die Botschaft des obersten Führers könnte lauten: Wenn Amerika die veränderte Wirklichkeit im *neuen* Nahen Osten akzeptiert, ist der Iran bereit, Beziehungen aufzunehmen.

Außenpolitische Lockerungsübungen

Die außenpolitische Praxis des Iran weist durchaus realpolitische Züge auf. Das war schon unter Staatsgründer Khomeini der Fall. Man denke nur an die geheimen Waffengeschäfte zwischen Teheran und Jerusalem während des Iran-Irak-Krieges in den 1980er-Jahren. Wegen des US-Embargos war der Iran damals gezwungen, alle nur möglichen Quellen zu nutzen, um seine aus der Schah-Zeit stammenden amerikanischen Waffensysteme mit Ersatzteilen zu versorgen. Der »Erzfeind« Israel kooperierte, weil es wiederum in seinem Interesse lag, dem Irak zu schaden. Diese pragmatische Herangehensweise zur Befriedigung nationaler Interessen vertrug sich ganz offensichtlich nicht mit den revolutionären Idealen des iranischen Regimes. Sie wurde dennoch verfolgt, weil es keine Alternative gab und die Existenz der Islamischen Republik auf dem Spiel stand.

Bei genauer Betrachtung ergeben sich erhebliche Diskrepanzen zwischen den revolutionären Idealen, die Ajatollah Khamenei so hochhält, und den Niederungen der Interessenpolitik. So bleibt zum Beispiel die »islamische Solidarität« in Teheran auf der Strecke, wenn es um den Freiheitskampf der Tschetschenen geht. Da fürchtet der Iran den Zorn Russlands, das ja bekanntlich die zivile Nukleartechnologie an Teheran liefert. In Palästina und im Libanon bemüht das Regime die »Einheit der Muslime«, wenn es die Unterstützung für Hamas und Hisbollah begründet. Davon ist allerdings nichts zu hören, wenn die Rede auf den Konflikt zwischen Armenien und Aserbeidschan kommt. Im Krieg der christlichen Armenier gegen die muslimischen Aserbeidschaner unterstützte der Iran die Christen und ließ die Muslime links liegen.[67] Es stellt sich also die Frage, ob die »islamische« Außenpolitik vor allem an den Interessen des Landes orientiert ist oder überwiegend durch die revolutionäre Ideologie bestimmt ist. Vermutlich ist es eine Mischung beider Elemente.

Khamenei sieht sich dennoch als Sachwalter der außenpolitischen Grundsätze des Staatsgründers und damit des revolutionären Status quo. Allerdings hat er es zugelassen, dass Expräsident Rafsandschani eine Annäherung an Saudi-Arabien suchte und damit neue Wege ging. Die Verbesserung der Beziehungen zwischen dem Iran und Europa durch den ehemaligen Präsidenten Khatami hat er ebenfalls mitgetragen. Aber als US-Präsident Clinton nach einer Sitzung der UN-Vollversammlung im Jahre 2001 im New Yorker UN-Gebäude vor der Herrentoilette auf den iranischen Regierungschef Khatami wartete, um ihm wie beiläufig die Hand zu schütteln, wagte sich dieser nicht hervor. Der oberste

Führer hatte das Treffen untersagt. Offenbar fürchtete er, die Reformer könnten zu Hause an Rückhalt gewinnen, wenn sie den direkten Kontakt zu Amerika wiederherstellten – was damals in der Bevölkerung sehr populär gewesen wäre.[68]

Seither hat der iranische Herrscher im Verhältnis zu Amerika und Israel keine substanzielle Kursänderung zugelassen – mit einer Ausnahme. Nach den Terroranschlägen vom 11. September 2001 hat Teheran mit Washington kooperiert. Erleichtert über den Sturz der fanatischen Taliban – der Erzfeinde des Iran –, half das Regime der von den USA geführten Koalition dabei, auf der Bonner Konferenz eine neue Regierung für Afghanistan zu bilden. Die Taliban – extremistische Sunniten, die ihre islamistische »Erziehung« durch wahhabitische »Lehrer« aus Saudi-Arabien erhielten – hatten die afghanischen Schiiten als »Ketzer« verfolgt und iranische Diplomaten in Afghanistan ermordet.

Nach der berüchtigten Bush-Rede über die »Achse des Bösen« und nach der amerikanischen Invasion in den Irak im Frühling 2003 machte Teheran eine versöhnliche Geste. Der damalige iranische Botschafter in Paris, Kharrazi, übermittelte in Abstimmung mit dem obersten Führer einen nicht unterzeichneten Brief an die Schweizer Botschaft (die dem Iran gegenüber die Interessen der USA vertritt). Darin stand, dass die iranische Regierung erwäge, Israel anzuerkennen und die militanten Organisationen im Nahen Osten an die Kandare zu nehmen. Darüber hinaus schlug Teheran eine Sicherheitsordnung für den Persischen Golf vor. Doch Präsident Bush missachtete das iranische Angebot.

Alle Fraktionen innerhalb des iranischen Regimes, einschließlich des Herrschers und der Reformer, verstanden die Zurückweisung des Angebots als Hinweis darauf, dass die USA nach dem Irak als Nächstes den Iran angreifen würden.[69] Andere Stimmen in der Region behaupten indes, das iranische Regime habe mit dem »taktischen Friedensangebot« einem möglicherweise bevorstehenden Angriff auf den Iran vorbeugen wollen. Wie dem auch sei, für Teheran hängt jede mögliche Annäherung an Washington davon ab, dass Amerika nicht nur die eigenen Interessen, sondern auch die legitimen Sicherheitsinteressen der Islamischen Republik in der Region anerkennt.

Eine neue Schachpartie zwischen Washington und Teheran

Aus amerikanischer Sicht ist es mittlerweile nicht mehr die Frage, ob mit dem Iran ein Dialog geführt werden soll, sondern *wie* solche Gespräche sinnvollerweise zu strukturieren sind. Dabei drängt sich die Frage auf, ob die iranische Außenpolitik auf einer ideologisch begründeten Feindschaft gegenüber Amerika fußt oder ob die Haltung des Iran eher eine Reaktion auf die als bedrohlich empfundene Politik der USA ist. Kann der revolutionäre Iran ohne die »Tod-für-Amerika«-Kultur leben? Die einzige Möglichkeit, dies zu ergründen, ist das direkte Gespräch. Schließlich ist das wechselseitige Verhältnis durch tief sitzendes Misstrauen geprägt. Die Kenntnis darüber, wie die andere Seite »tickt«, ist nach 30 Jahren der politischen »Quarantäne« praktisch nicht vorhanden. Das betrifft die unterschiedliche Mentalität, das kulturell so verschieden geprägte Bewusstsein und die Kluft zwischen Selbst- und Fremdeinschätzung. Das gestaltet den Umgang miteinander besonders schwierig.

Die bedeutende regionale Rolle, in die der Iran durch die Politik in der Bush-Ära hineinwachsen konnte, macht den Dialog mit Teheran unverzichtbar. Die Zukunft des Irak, die Palästinafrage, die Nichtverbreitung von Atomwaffen im Nahen Osten, die Entwicklung in Afghanistan, die Eindämmung des Terrorismus, die Stabilität am Persischen Golf und die Sicherheit der Energieversorgung sind alles Themen, bei denen der Iran ein Wort mitzureden hat.

Angesichts der überragenden Stellung des obersten Führers erscheint es am klügsten, einen direkten Kontakt mit dem Büro von Ajatollah Khamenei und schließlich mit ihm persönlich herzustellen. Präsident Obama sollte noch vor dem eigentlichen Beginn von Verhandlungen eine verlässliche Garantie abgeben, dass Amerika keinen Regimewechsel anstrebt und die Islamische Republik als legitim anerkennt.

Barack Obama hat öffentlich gesagt, Amerika strecke seine »Hand der Freundschaft« aus, wenn der Iran seine »geballte Faust« öffne. Darüber hinaus hat er betont, dass die »USA alle Instrumente, die in ihrer Macht liegen, im Verhältnis zum Iran anwenden werden, einschließlich des diplomatischen Dialogs«. Mit dieser ambivalenten Botschaft lässt er alle Optionen offen, macht aber einen Schritt auf Teheran zu und bietet direkte Gespräche an. Der iranische Herrscher hat darauf nicht selbst reagiert, sondern seinen Regierungschef vorgeschickt. Am 30. Jahrestag der islamischen Revolution (10. Februar 2009) erklärte Ahmadinedschad, der Iran sei bereit, mit Amerika zu reden: auf Augenhöhe und mit gegenseitigem Respekt. »Es ist klar, dass wirklicher

Wandel grundsätzlicher und nicht taktischer Natur sein muss.«[70]

Es ist anzunehmen, dass Khamenei im Hintergrund bleiben will, wenn es um das Verhältnis zu den USA geht. Wenn er offen für eine neue Politik gegenüber Amerika aufträte, könnten seine Anhänger glauben, er lasse die revolutionäre Rhetorik abrupt hinter sich.[71]

Das war die Eröffnung in der neuen politischen Schachpartie zwischen Amerika und Iran. Sie könnte historische Bedeutung gewinnen, wenn und sofern sie nach vielen Zügen mit einem Remis endet.

Amerikanisch-iranische Verhandlungen sind für sich genommen schon ein Fortschritt. Erfolgreich können sie nur dann verlaufen, wenn Washington gegenüber Teheran den richtigen Ton trifft. Säbelrasseln und Kriegsgeschrei in der Bush Ära waren kontraproduktiv. So wurden in Teheran nur die Hardliner gestärkt und zugleich Irans Ansehen als einzige islamische Nation erhöht, die »es wagt, der Supermacht zu trotzen«.

Es wäre sinnvoll, am Beginn der Gespräche Themenkreise zu behandeln, bei denen sich – wie im Irak und in Afghanistan – die Interessen beider Seiten berühren. Das erleichtert es, gegenseitiges Vertrauen aufzubauen. Außerdem bietet es die Chance, die eigene Aufrichtigkeit bei der Lösung der Probleme zu beweisen.

Es klingt paradox, in den beiden Krisengebieten von ähnlichen Interessen Teherans und Washingtons zu sprechen. Schließlich hat das islamische Regime dort seit Jahren gegen die USA agiert – doch vor allem aus dem Grund, dass sich der Iran durch die massive US-Militärpräsenz in den beiden Nachbarländern eingekreist, bedrängt und bedroht fühlte. Verbunden mit dem von

Präsident Bush avisierten Regimewechsel, betrachtete Teheran das als existenzielle Gefahr. Wenn die USA jedoch die Islamische Republik als legitim anerkennen, ändert sich für das Regime die Lage und dementsprechend auch sein Verhalten.

Im Irak liegt es im Interesse Amerikas *und* des Iran, eine Teilung des Landes zu verhindern und die Terroristen von al-Qaida und anderer salafitischer (sunnitisch-extremistischer) Gruppen zu neutralisieren. Diese Extremisten bekämpfen die US-Truppen; sie betrachten den Iran als Feind und die Schiiten als »Ketzer«. Sie schüren im Irak sektiererischen Hass, was die Stabilität des Landes untergräbt. Wenn der Irak auseinanderfiele, entstünde unweigerlich ein unabhängiges Irakisch-Kurdistan. Das sähe der Iran als Bedrohung, weil seine eigene kurdische Minderheit sich unterdrückt fühlt und versuchen könnte, sich ebenfalls abzuspalten. Auch die USA möchten eine solche Entwicklung mit Rücksicht auf die verbündete Türkei vermeiden. Ankara hat bekanntlich ein großes, ungelöstes Kurdenproblem und fürchtet bei einer Spaltung des Irak ebenfalls einen Nachahmungseffekt bei den türkischen Kurden.

Wenn sich die amerikanisch-iranischen Beziehungen tatsächlich verbesserten, böten sich in Afghanistan eine ganze Reihe von Möglichkeiten für eine konstruktive Zusammenarbeit. Wie erwähnt, sind die Taliban die Todfeinde des schiitischen Iran, der 1998 beinahe in Afghanistan einmarschiert wäre, um die fanatischen »Koranschüler« zu bekämpfen. Die militärische und gesellschaftliche Neutralisierung der Taliban liegt im Interesse Teherans *und* Washingtons. Dasselbe gilt für den Opiumanbau und den Rauschgifthandel in Afghanistan. Der Iran hat eine der höchsten Suchtraten auf der

Welt und macht große Anstrengungen, um den Rauschgiftschmuggel über seine Grenzen hinweg zu vereiteln. Schließlich unterstützen beide Regierungen die Stabilisierung und den Wiederaufbau in Afghanistan. Der Iran musste viele Jahre über zwei Millionen afghanische Flüchtlinge beherbergen und wünscht sich eine alsbaldige Befriedung Afghanistans. Weithin unbekannt ist hierbei die Tatsache, dass der Iran zu den größten Geberländern bei der afghanischen Wiederaufbauhilfe gehört.

Nukleare Geheimniskrämerei

Während die iranische Interessenlage im Irak und in Afghanistan klar zu definieren ist, sind die wahren Absichten des islamischen Regimes in der Atompolitik nicht zu durchschauen.

Strebt Teheran nach der Bombe, um sich gegen unberechenbare Nachbarn in Zentralasien oder die Supermacht USA verteidigen zu können? Fürchten die Mullahs einen Angriff Israels, das danach trachtet, seine strategische Überlegenheit im Nahen Osten gegen die aufsteigende Macht Iran zu sichern? Oder will die iranische Führung mit der Bombe Israel bedrohen?

Amerika und Europa misstrauen angesichts der nuklearen Geheimniskrämerei des Regimes der iranischen Versicherung, man hege rein friedliche Absichten. Zweifellos hat der Iran nach dem Atomwaffensperrvertrag das Recht, Uran anzureichern, solange das zivilen Zwecken dient. Der Westen macht Teheran dieses Recht jedoch streitig. Eine Regierung, die militante Gruppen unterstützt, nicht müde wird, seine Feindseligkeit gegenüber Israel hinauszuposaunen und einen Kompromissfrieden in Palästina kategorisch zurückweist, soll sich nicht in die Lage versetzen dürfen, die Bombe bauen zu können. Der Iran wiederum verdächtigt Amerika und die EU, das Land am technologischen Fortschritt hindern und damit seine wirtschaftliche und politische Unabhängigkeit untergraben zu wollen. Kurzum, aus iranischer Sicht nutzt der Westen die Atomfrage, um den Iran kleinzuhalten. Die Lage scheint aussichtslos.

Würde es helfen, wenn Amerika und Europa mit dem Iran ohne Vorbedingungen neue Verhandlungen begännen? Eine Suspendierung der Sanktionen gegen die Aussetzung der Urananreicherung durch den Iran? Wenn alle auf ihrem Standpunkt beharren, landen die Unterhändler am Ende wieder an dem Punkt, an dem sie begonnen haben. Dann bleibt dem Westen nur die Verschärfung der Wirtschaftssanktionen, die Teheran nur dann in die Knie zwingen, wenn sie von Moskau und Peking mitgetragen werden.

Ein Krieg gegen den Iran wäre unvernünftig und kontraproduktiv. Die Zerstörung der Atomanlagen hätte nur eine kurzfristige Wirkung. Denn das technologische Wissen können die USA und Israel nicht mit Bomben auslöschen. Der politische Schaden im Nahen Osten und in der islamischen Welt indes wäre gewaltig. Auf eine Stabilisierung und Befriedung in der Region zu hoffen wäre dann vergebene Liebesmüh. Dafür würde das islamische Regime in Teheran zusammen mit seinen arabischen Hilfstruppen schon sorgen. Ein Krieg würde dem revolutionären Iran zusätzlichen Einfluss im Nahen Osten bescheren. Das kann nicht im Interesse des Westens liegen.

Darüber hinaus müssten die USA und Europa im Falle

eines Angriffs auf den Iran damit rechnen, dass die Mullahs die Straße von Hormus blockierten. Diese Meerenge gewährt die Einfahrt in den Persischen Golf. Wenn sie nicht mehr passiert werden kann, ist der gesamte Schiffsverkehr blockiert, und die Golfaraber können dann keine Öltanker mehr auf die Exportreise schicken. Teheran würde wohl auch den arabischen Ölterminal von Ras Tanura durch Raketenbeschuss zerstören und die saudischen Ölanlagen in Abqaiq zerbomben, wo rund 65 Prozent der Ölproduktion von Saudi-Arabien erzeugt werden. Das würde bedeuten, dass 40 Prozent des auf dem Seeweg transportierten Erdöls die Abnehmer nicht mehr erreichen könnte. Somit wären 18 Prozent des globalen Ölgeschäfts betroffen.

Ein Ausweg aus der Sackgasse böte sich, wenn Amerika und der Iran ihre alte Feindschaft begrüben, Teheran eine parallel ausgehandelte Zweistaatenlösung in Palästina hinnähme und sich in eine regionale Sicherheitsarchitektur einfügte. Das wäre indes nur möglich, wenn Israel bereit wäre, sich ebenfalls in diese neue Sicherheitsordnung im Nahen Osten zu integrieren.

Ein alternatives Ende des Atomstreits könnte auch in den Händen Moskaus liegen: »Iran kann nicht gelöst werden ohne Russland«,[77] sagt der ehemalige US-Sicherheitsberater Brent Scowcroft. Mit welcher Begründung?

Russland pflegt enge wirtschaftliche und militärische Beziehungen mit dem Iran. Moskau hat den für zivile Zwecke errichteten Atommeiler in Buschir gebaut und steht dem Iran bei seinem angeblich zivilen Nuklearprogramm zur Seite. Russland hat somit einen besonderen Einfluss auf das Regime in Teheran.

In Washington wiederum gibt es Anzeichen für ein amerikanisch-russisches Geschäft auf Gegenseitigkeit.

Wenn Moskau so viel Druck auf den Iran ausübt, dass er sein militärisches Nuklearprogramm beendet, wird Amerika das in Osteuropa geplante Raketenabwehrprojekt aufgeben. Die Russen haben das Projekt von Beginn an in aller Schärfe zurückgewiesen, da es in Polen und in Tschechien, also quasi vor der russischen Haustür, stationiert werden soll. US-Vizepräsident Joe Biden deutete auf der Münchner Sicherheitskonferenz Anfang Februar 2009 an, die USA seien bereit, mit Russland über das Projekt zu reden. Außenministerin Hillary Clinton unterstrich, Amerika werde seinen Standpunkt zu dem Raketenabwehrprojekt überdenken, wenn Iran sein militärisches Atomprogramm aufgibt.

Die entscheidende Frage ist nun, ob Moskau tatsächlich willens ist, den Iran gefügig zu machen. Der Zeitfaktor spielt in der Atomfrage eine wichtige Rolle. Nach westlichen Geheimdienstschätzungen ist Teheran nur noch ein bis zwei Jahre vom Bau einer Atombombe entfernt. Anlässlich des 30. Jahrestages der islamischen Revolution hat der Iran einen Satelliten auf einer Safir-2-Rakete ins All geschossen. Offensichtlich handelt es sich dabei um eine modifizierte Version der Shahab-3, die einen nuklearen Sprengkopf tragen könnte. Angesichts der gespannten Beziehungen zwischen Moskau und Washington mag es zweifelhaft sein, ob Russland tatsächlich seinen beträchtlichen Einfluss auf den Iran im gewünschten Sinne nutzt. Es ist allerdings kein Geheimnis, dass die Russen wohl kaum das Bedürfnis haben, den Iran als »atomwaffenschwingende Macht«[73] im Nahen Osten zu erleben.

Aber der Preis muss stimmen, bevor Moskau bereit ist, sein politisches Kapital einzusetzen. Es bleibt also abzuwarten, ob die Aufgabe des amerikanischen Raketenprojekts in Osteuropa der angemessene Preis für die Russen ist, um den Iran daran zu hindern, in den Besitz von Atomwaffen zu gelangen. In einer ersten Stellungnahme hat der russische Präsident Medwedew Anfang März 2009 zunächst kühl auf das amerikanische Angebot reagiert.

Syrien und der Frieden im Nahen Osten

Der oft zitierte und angeblich von dem ehemaligen US-Außenminister Henry Kissinger geprägte Spruch »Ohne Ägypten kein Krieg – doch ohne Syrien kein Frieden zwischen Arabern und Israelis« gilt in gewisser Hinsicht noch immer. Der syrische Präsident Baschar al-Assad bestätigt das: »Wir sind ein Mitspieler in der Region. Wenn man über Frieden reden will, kommt man ohne Syrien nicht weiter.«[74]

Früher stand das syrische Regime an der Spitze der arabischen »Ablehnungsfront« gegenüber Israel, die nach dem Sechstagekrieg im Nahen Osten eine prominente Rolle spielte. In diesem Mehrfrontenkrieg, der mit einem überwältigenden Sieg Israels über die Araber endete, verlor Damaskus die Golanhöhen, die im Dreiländereck zwischen Jordanien, Israel und Syrien liegen und bis an den See Genezareth reichen. Hafis al-Assad, der Vater des jetzigen Präsidenten, war damals als Verteidigungsminister für die syrische Kriegsführung verantwortlich. Der Verlust des strategisch einst bedeutenden Golan war ein schmerzhafter Prestigeverlust für den alten Assad und seinen Clan, vom Schicksal der dort lebenden syrischen Bürger ganz zu schweigen.

Als der israelische Premierminister Menachem Begin das Gebiet 1981 annektierte, schien es endgültig für Syrien verloren. Da der alte Assad nach dem Jom-Kippur-Krieg 1973 keine direkte militärische Konfrontation gegen Israel mehr wagte, verlegte er sich auf Stellvertreterkriege, um Israel zu Verhandlungen zu bewegen.

In dieser Phase kontrollierten die Kämpfer der Palästinensischen Befreiungsorganisation (PLO) den Südlibanon und attackierten von dort aus mit syrischer Billigung israelische Dörfer und Städte. Das änderte sich mit der israelischen Invasion in den Libanon im Sommer 1982. Die Kämpfer der PLO waren gezwungen, das Land zu verlassen.

Juniorpartner des Iran

An die Stelle der PLO setzte Syrien nun die Hisbollah, die im Laufe der Jahre immer wirksamer gegen Israel agierte, bis die israelischen Besatzungstruppen ihre »Sicherheitszone« im Südlibanon im Mai 2000 aufgaben. Als der junge Assad im selben Jahr die Macht von seinem Vater »erbte«, setzte er die Politik der Nadelstiche gegen Israel im Wesentlichen fort. Er war aber nicht in der Lage, die respektierte Stellung Syriens zu erhalten, die auf einem von seinem Vater kunstvoll geknüpften Beziehungsgeflecht beruhte. Die syrischen Beziehungen zu Saudi-Arabien und zu Ägypten verschlechterten sich zusehends, und das Verhältnis zu den USA und der EU war großen Belastungen ausgesetzt. Das syrische Regime geriet unter den Verdacht, in die Ermordung des ehemaligen libanesischen Regierungschefs Rafik Hariri verwickelt zu sein, und musste schließlich seine Truppen aus dem Libanon abziehen. Damaskus isolierte sich mehr und mehr, im arabischen Lager und auf internationaler Ebene.

Die amerikanische Drohung aus der Bush-Ära, nach Saddams Sturz sei nun der Regimewechsel in Damaskus fällig, ist inzwischen vom Tisch. Dennoch fühlen sich der Herrscher und seine Kaste verwundbar. Gegen den israelischen Luftangriff auf einen »Atomreaktor« in der syrischen Wüste (im September 2007) war das Regime offenbar machtlos. Als US-Spezialeinheiten im Oktober 2008 in Nordsyrien nahe der irakischen Grenze eine Kommandoaktion gegen die angebliche Fluchtburg militanter Irak-Kämpfer durchführten, konnte Damaskus nur entsetzt protestieren.

In der geschrumpften »Ablehnungsfront« ist Syrien mittlerweile zum Juniorpartner des Iran herabgesunken, flankiert von Hisbollah und Hamas. Während sein Vater die »strategische Allianz« mit Teheran geschickt zu seinem Vorteil lenkte, ist der junge Assad in eine einseitige Abhängigkeit vom Iran geraten. Er hat zwar die Möglichkeit, in der Region Unruhe zu stiften und zusammen mit dem Iran, Hisbollah und Hamas den Libanon und Palästina zu destabilisieren. In begrenztem Maße kann er auch im Irak Probleme machen, indem er Dschihadisten und andere radikale Elemente über syrisches Gebiet in den Irak einsickern lässt. Doch das sichert weder das langfristige Überleben seines Regimes, noch bringt es die Golan-Höhen zurück. Außerdem verbaut dieses Vorgehen die Chancen für internationale Investitionen, die dringend erforderlich sind, um die Wirtschaft des Landes nach vorne zu bringen. In Syrien wächst die Bevölkerung rapide, und gerade die junge Generation muss in Lohn und Brot gebracht werden, wenn sich die Frustration über die schlechten Lebensbedingungen im Lande nicht ausweiten soll. Das würde in die Hände der syrischen Islamisten spielen, die ohnehin schon Aufwind verspüren und eines Tages die politische Legitimität des säkularen Systems untergraben könnten.

Der Fortbestand des Regimes und die Rückgabe des Golan sind indes die zentralen Interessen der Mächtigen im Lande. Und das ist schon seit Jahrzehnten der Fall.

Für den jungen Assad ist es nicht nur eine Frage der Familienehre und des Nationalstolzes, die Golan-Höhen zurückzugewinnen. Es wäre nach Lesart der staatlichen Propagandaorgane ein »historischer Sieg« mit »strategischer Bedeutung« für die syrische Republik. In der Tat könnte Baschar Assad, der in den Jahren seiner Herrschaft (seit 2000) eine eher unglückliche Figur gemacht hat, mit der Rückgabe des Golan sein Image im Lande gewaltig aufpolieren. Er hätte das erreicht, woran selbst sein großer Vater gescheitert ist. Das würde seine Herrschaft und die Macht des Regimes festigen.

Von einem Friedensvertrag mit Israel würde Syrien in mehrfacher Hinsicht profitieren. Es würde, wie Ägypten, unter den Schutzschirm der USA gelangen und damit trotz seiner autoritären Herrschaftsstruktur existenzielle Sicherheit erlangen. Die amerikanischen Sanktionen würden aufgehoben und damit die politische Blockade durch die USA. Die Isolation im arabischen Lager und auf internationaler Ebene würde durchbrochen, eine Mitgliedschaft in der Welthandelsorganisation (WTO) rückte in greifbare Nähe und der lang ersehnte Assoziationsvertrag mit der Europäischen Union würde möglich.

Israel, das schon zwei Mal kurz vor Abschluss einer Friedensregelung mit Syrien stand,[75] hätte durch die Beendigung des Kriegszustandes große Vorteile. Israelisch-syrischer Frieden bedeutete eine substanzielle, ja entscheidende Beschränkung der Operationsmöglichkeiten von Hisbollah und Hamas gegen Israel. Die Präsenz der »Hamas-Führung im Exil« in der syrischen Hauptstadt hätte dann ein Ende. Ebenso die aktive Unterstützung der militanten palästinensischen Gruppen sowie deren Fernsteuerung in den Zeiten der syrischen »Stellvertreterkriege« gegen Israel.

Wenn Syrien nicht mehr als »strategische Brücke«[76] zwischen dem Iran und der Hisbollah fungieren kann, reduzieren sich die militärischen Möglichkeiten der militanten libanesischen Schiiten gegen Israel in ganz entscheidender Weise. Vor allem der Nachschub iranischer Waffen über syrisches Territorium und sonstige logistische Hilfe für die Hisbollah wären im Falle eines Friedens ausgeschlossen. Darüber hinaus bräche die »Ablehnungsfront« ohne Syrien auseinander. Der Iran wäre also kaum noch in der Lage, im Libanon oder in Palästina entscheidenden Einfluss auszuüben. Sein Aktionsradius als regionaler »Spielverderber« wäre erheblich eingeschränkt. Nur im Irak bliebe der Einfluss der Mullahs davon unberührt.

Obwohl die israelische Bevölkerung eine Rückgabe des Golan an Syrien überwiegend ablehnt, haben doch die meisten israelischen Regierungen seit Anfang der 1990er-Jahre in der einen oder anderen Weise mit der syrischen Seite über einen möglichen Frieden geredet. Noch bis zum Beginn des Gaza-Krieges (27.12.2008) gab es unter türkischer Vermittlung indirekte Gespräche zwischen Jerusalem und Damaskus. Das zeigt, dass die politische Klasse in Israel grundsätzlich den Wert einer Regelung mit Syrien zu schätzen weiß. Der destruktive Einfluss des Iran und das beträchtliche Potenzial von Hisbollah und Hamas lassen Frieden mit Syrien aus israelischer Sicht mittlerweile umso wichtiger erscheinen. Dass Syrien allerdings bereit sein wird, seine »strategischen Beziehungen« mit Iran völlig aufzugeben, ist eher unwahrscheinlich. Denkbar wäre eine »Modifizierung« des Verhältnisses, die sich ohnehin als Folge eines israelisch-syrischen Friedensschlusses in der Praxis ergeben würde. Denn für Israel ist es undenkbar, Syrien als Partner anzuerkennen und dennoch weiterhin durch die Achse Teheran-Damaskus unter Druck gesetzt zu werden.

Ob es zu einem Vertrag kommt, hängt wesentlich vom Verhalten der USA ab. Beide Seiten wissen, dass eine Lösung nur erreichbar ist, wenn Washington sich entschlossen und nachhaltig in den Verhandlungen engagiert.

Nur Amerika vermag diesen wichtigen Frieden zu stiften. Nur Amerika ist in der Lage, die strategischen Sicherheitsinteressen beider Staaten zu befriedigen und den Bestand eines Friedens zu garantieren. Trotz der schwierigen Beziehungen zwischen Washington und Damaskus, die schon lange von Misstrauen und Missverständnissen geprägt sind und in der Bush-Ära ihren Tiefpunkt erreichten, scheint Amerika gewillt, die sich bietende Chance zu ergreifen. Das syrische Regime hat seine Friedensbereitschaft wiederholt glaubhaft versichert und die USA aufgefordert, sich aktiv einzuschalten.

Frieden zwischen Israel und Syrien zu vermitteln erscheint gegenwärtig eher möglich als eine baldige Regelung in Palästina, die wegen der komplexen Lage kurzfristig nicht erreichbar ist. Amerikas Interessenlage im Nahen Osten verlangt es, in dieser Sache mit aller Kraft tätig zu werden. Ein israelisch-syrischer Frieden schwächt den Iran und seine regionale »Speerspitze«

Hisbollah. Er fördert die Chancen im »großen« Friedensprozess zwischen allen Mitgliedsländern der Arabischen Liga und dem jüdischen Staat. Und nicht zuletzt schwächt ein solcher Frieden die islamistischen Gotteskrieger sunnitischer Prägung in der Region.

Denn das syrische Regime hat als Teil seiner Taktik der Nadelstiche gegen die USA seit geraumer Zeit einen für sich selbst gefährlichen Weg beschritten und die eigenen Feinde gefördert. Das heißt, Damaskus unterstützte diese »Dschihadisten« in Palästina, im Irak und wahrscheinlich auch im Nordlibanon. Nach einem Friedensschluss wird Syrien diese militanten Kräfte wieder bekämpfen, wie es das bei sich zu Hause seit jeher getan hat, und zwar mit großer Entschlossenheit und brutaler Konsequenz.

Das syrische Regime ist ein schwieriger Verhandlungspartner, und es wird für Barack Obama und sein Team nicht leicht sein, das gewünschte Ergebnis zu erreichen. Es wäre klug, sich der Erfahrung des türkischen Premierministers Recep Erdogan zu bedienen, der bei den indirekten syrisch-israelischen Gesprächen vermittelt und dabei eine sehr gute Figur gemacht hat. Erfahrungsgemäß gibt Damaskus seine Trümpfe so lange nicht aus der Hand, bis es sein Ziel erreicht hat. Das bedeutet andererseits, Washington sollte seine eigenen Druckmittel gegenüber Syrien, wie zum Beispiel die Wirtschaftssanktionen, nicht vorschnell aufgeben. Wenn ein Vertrag unterschriftsreif auf dem Tisch liegt, könnte Damaskus davon befreit werden, sofern es im Gegenzug sein Verhalten in Palästina, im Irak und im Libanon entsprechend der internationalen Regeln ändert. Ein Friedensvertrag zwischen Israel und Syrien dank amerikanischer Vermittlung wäre ein großer diplomatischer Erfolg und würde das beschädigte Ansehen Amerikas in der arabisch-islamischen Welt deutlich verbessern.

Frieden zwischen Syrien und Israel zu stiften wäre ein gewaltiger Schritt nach vorn im Nahen Osten. Das Tor zu einem umfassenden *historischen Frieden* zwischen allen Arabern und Israel würde hierdurch aufgestoßen. Die »arabische Friedensinitiative« würde ins wirkliche Leben katapultiert und könnte als Grundlage von Verhandlungen dienen, die sinnvollerweise im Rahmen einer »Konferenz über Sicherheit und Zusammenarbeit im Nahen Osten« stattfänden. Die drei historischen Neins der Araber gegenüber Israel – »Keine Anerkennung, keine Verhandlungen und kein Frieden« – wären endgültig Geschichte. Die Integration Israels in den Nahen Osten könnte sich vollziehen, allerdings um den Preis seiner bisherigen strategischen Überlegenheit gegenüber allen großen und kleinen Staaten der Region. Bis zur Schaffung einer solchen atomwaffenfreien Zone im Rahmen einer regionalen Sicherheitsarchitektur ist es indes noch ein weiter Weg.

Die Rivalen am Golf und die islamische Zukunft der Region

Diesseits und jenseits der Ufer des Persischen Golfs liegen sich die beiden mächtigsten islamistischen Staaten der Region gegenüber. Hier das sunnitische Königreich Saudi-Arabien und dort die schiitische Islamische Republik Iran. Die beiden Rivalen ringen um die regionale Vorherrschaft und spielen als Energielieferanten global eine bedeutende Rolle. Ungefähr zwei Drittel der nachgewiesenen Weltölreserven lagern im Umfeld des Persischen Golfs. Der langfristige Bedarf an Rohöl auf dem Weltmarkt wird also zwangsläufig von den Ländern in diesem Gebiet gedeckt werden. Solange der Brennstoff für die Transportsysteme weltweit auf der Basis von Erdöl gewonnen wird, nimmt der Persische Golf – und hier vor allem Saudi-Arabien, das über 20 Prozent der globalen Ölvorkommen verfügt – eine bestimmende Rolle auf dem Energiesektor ein. Spätestens seit der Offenlegung der nuklearen Ambitionen des Iran ist auch in Saudi-Arabien der Ehrgeiz erwacht, sich das Know-how der Nukleartechnologie zu verschaffen.

Sollte der Iran in den Besitz von Atomwaffen kommen, würde der saudische Rivale nicht zögern, es ihm gleichzutun. Ein nukleares Wettrüsten im Nahen Osten wäre die wahrscheinliche Folge.

In beiden Ländern dominiert ein fundamentalistischer Islam, der in seiner jeweils besonderen Ausformung nicht nur die eigene Gesellschaft prägt, sondern auch die islamische Welt beeinflusst. Die islamische Revolution von 1979 unter Ajatollah Khomeini brachte einen *Gottesstaat* hervor, in dem nach Khomeinis Theorie die Gesellschaft so strukturiert ist, wie das *göttliche Gesetz* es vorschreibt. Danach muss das Ziel jeder praktischen Politik sein, *Gottes Wille* auf Erden auszuführen. Daraus folgte die Maxime: »Politik ist Religion, und Religion ist Politik.«

Der Iran war von Beginn an darum bemüht, seine Revolution zu exportieren. Dabei ging es nicht nur um die Verbreitung der frommen Ideologie als Instrument für revolutionäre Umwälzungen, um die muslimischen Brüder von der Herrschaft prowestlicher »Unrechtsregimes« zu befreien. Die neue Unabhängigkeit der von abendländischer Dominanz befreiten Länder sollte als Grundlage dienen, um handfeste nationale Interessen des Iran zu befriedigen. Es ging um die Ausweitung des iranischen Einflusses vom Golf bis zur Levante. Schon nach wenigen Jahren gelang es dem Regime, im Libanon Fuß zu fassen und *revolutionär* gesinnte Kräfte zu mobilisieren. Die jahrhundertealten Bindungen zwischen den libanesischen Schiiten und dem iranischen Klerus erleichterten das Unternehmen. Und alsbald war dem Iran mit der Hisbollah ein »regionaler Arm« gewachsen, der sich in nützlicher Weise bewegen ließ. Entweder gegen iranische Feinde in der Region oder gegen Israel, die USA und andere westliche Länder. Mittlerweile ist die Hisbollah zur Freude Teherans zu einem mächtigen »Staat im Staate« im Libanon aufgestiegen. Die beiden Partner ergänzen sich gekonnt, wenn es darum geht, religiöse Diskurse politisch zu manipulieren.

Saudi-Arabien steht überall in der islamischen Welt

als »Wiege des Islam« im Zentrum der Betrachtung. Der saudische König nennt sich selbst »Hüter der heiligen Moscheen in Mekka und Medina«. Und alljährlich sind die heiligen Stätten das Ziel von Millionen von Muslimen, die mit der Pilgerfahrt eine der fünf islamischen Glaubenspflichten erfüllen.

Die politische und gesellschaftliche Ordnung Saudi-Arabiens beruht seit der Gründung des Staates (1932) auf der »Arbeitsteilung« zwischen dem Königshaus der Al-Saud und den religiösen Führern der »wahhabitischen Sekte«. Dabei liefern die wahhabitischen Rechtsgelehrten die religiöse Legitimation für die Macht des saudischen Clans. Die »Sekte« folgt einer puritanischen Glaubensrichtung, die aus dem konservativen sunnitischen Islam (Salafismus) hervorgegangen ist.

Der Wahhabismus ist eine streng monotheistische Lehre, begründet Anfang des 18. Jahrhunderts durch Muhammad Ibn Abd Al-Wahhab als religiöse Reform- und Erweckungsbewegung, die den Volksislam verdammte und die Heiligenverehrung als Götzendienst gewaltsam unterdrückte. Sie verurteilte den mystischen Islam der Sufis und brandmarkte das schiitische Glaubensbekenntnis als Ketzerei. Der »reine« Wahhabismus war und ist ebenso extrem wie intolerant und dazu entschlossen, seine *religiöse Wahrheit* mit allen Mitteln, auch mit brutaler Gewalt, durchzusetzen. Wes Geistes Kind viele dieser wahhabitischen Theologen immer noch sind, zeigt eine »Fatwa« (religiöse Anweisung/Urteil), die es Gläubigen untersagte, bei einem Krankenbesuch den Patienten Blumen mitzubringen: »Einem Kranken im Hospital Blumen zu schenken ist unislamisch. Das ist eine aus dem Land der Ungläubigen eingeführte Sitte, und zwar von jenen, die schwach im Glauben sind. Deshalb ist es nicht gestattet, auf diese Weise mit Blumen umzugehen.« So lautete sinngemäß die Fatwa.

An dem Tag im Februar 2009, als der saudische König Abdallah verkündete, er habe den obersten Richter und den Chef der Religionspolizei entlassen, schickte eben jene islamische *Tugendbehörde*[77] ihre Agenten in die Geschäfte, um sicherzustellen, dass keine Valentinskarten verkauft würden. Das sei »eine christliche Sitte und leiste dem Heidentum Vorschub«, ließen die Tugendwächter verkünden. Der Richter, Präsident des Obersten Justizrates, hatte einige Monate zuvor gesagt, es sei religiös gerechtfertigt, die Eigentümer von Fernsehstationen zu töten, die unmoralische Programme ausstrahlten und damit die Zügellosigkeit förderten. Das hatte im Königreich eine scharfe Kontroverse ausgelöst.

Der Leiter der islamischen Tugendbehörde musste offenbar gehen, weil in der saudischen Bevölkerung Unmut darüber laut geworden war, dass die Religionspolizei sich allzu brutal aufführt. Ähnlich wie im Iran die »Basij« erzwingt die wahhabitische »Sittenpolizei« die Einhaltung der Bekleidungsvorschriften für Frauen. Sie fahndet aber auch nach Alkohol und Drogen, unterdrückt die Prostitution und zwingt die Kaufleute während der Gebetszeiten dazu, ihre Läden zu schließen.

Der weit über 80 Jahre alte König Abdallah genießt den Ruf eines vorsichtigen Reformers. Und tatsächlich hat er die Spitze des Justiz- und des Erziehungsministeriums neu besetzt, um mehr Spielraum für Reformen zu gewinnen. Dabei hat er die Gelegenheit genutzt und mit Nura al-Fayez die erste Frau in der Geschichte des Landes in die Regierung berufen und zur Vizeministerin für Erziehung gemacht. Gerade die Bereiche Erziehung und

Rechtswesen gelten seit jeher als Domäne der konservativen religiösen Kräfte, die dafür sorgen, dass die saudischen Untertanen in einem vormodernen Geist der Intoleranz zu engstirnigen Gläubigen erzogen werden, die das »Gesetz Gottes« und somit die Obrigkeit keinesfalls infrage stellen.

Die Ernennung der Professorin für Pädagogik ist gewiss ein Schritt nach vorn für die saudischen Frauen, die im wahhabitischen Reich der Saudis noch nicht einmal Auto fahren dürfen. Wenn sie arbeiten, studieren, reisen oder auch nur zum Arzt gehen wollen, brauchen sie die Zustimmung des Vaters oder des Ehemannes. Ob es mehr ist als eine taktische Maßnahme, um die wachsende Unzufriedenheit zu dämpfen, wird sich noch erweisen. Fest steht, dass fast die Hälfte der Universitätsabsolventen Frauen sind. Davon üben aber weniger als zehn Prozent einen richtigen Beruf außerhalb des Hauses aus.

Der Fall des »Mädchens von Qatif« dokumentiert die Rechtlosigkeit, in der Frauen in Saudi-Arabien leben müssen. Im Jahr 2006 war die junge Frau von einer Bande vergewaltigt worden. Später wurde sie von einem wahhabitischen Richter zu 200 Peitschenhieben verurteilt, weil sie vor der Tat allein mit einem Mann im Auto gesessen hatte, mit dem sie nicht verheiratet war. Erst als die internationalen Proteste gegen dieses Urteil anwuchsen, entschloss sich König Abdallah dazu, die junge Frau zu begnadigen.

Während das Internet die jungen Saudis mit der Außenwelt verbindet, wächst bei ihnen die Frustration über die kulturelle Knebelung durch das reaktionäre religiöse Establishment. Kino und Musik sind unverändert verpönt, und noch nicht einmal Handy-Klingeltöne sind frei auf dem Markt verfügbar.

König Abdallah hat lobenswerterweise einen ökumenischen Dialog mit den Repräsentanten anderer Religionen begonnen. Das vermittelt nach außen einen Eindruck von Toleranz und modernem Denken. Aber in seinem Reich findet sich weder eine christliche Kirche noch eine Synagoge, obwohl in Saudi-Arabien viele westliche und asiatische Ausländer arbeiten, die keine Muslime sind.

Viele Saudis befürworten zwar politische Reformen und auch mehr Rechte für die Frauen. Aber das heißt nicht, dass sie radikale Umwälzungen und etwa einen Sturz des Königshauses wollen. In dieser zutiefst konservativen Gesellschaft steht immer noch die Tradition im Mittelpunkt des Denkens. Eine wachsende Zahl von Saudis möchte zwar den Weg ins 21. Jahrhundert gehen, aber Reformen sollen langsam und vorsichtig verwirklicht werden.

Im Kern hat sich trotz einiger Reformen an der Struktur des »wahhabitischen Gottesstaates« nichts geändert. König Abdallah unterbindet zwar einige extreme Erscheinungsformen des Systems, weil allzu viel Druck nach innen in einer global vernetzten Welt kontraproduktiv wirkt und das ins Ausland getragene Bild nicht zu arg befleckt sein soll. Aber die traditionelle »Arbeitsteilung« bleibt bestehen.

Ihr liegt ein Pakt zwischen den religiösen Führern des Wahhabismus (den »Ulema«) und dem Haus der Al-Saud zugrunde, der schon auf das 18. Jahrhundert zurückgeht. Danach legitimieren die Wahhabiten die saudische Herrschaft auf der Basis ihrer Glaubenslehre und dürfen dafür im Gegenzug ihre religiösen Überzeugungen verbreiten. Die saudisch-wahhabitische Allianz führte somit zur Gründung eines radikalen Gottesstaates, der sich auf das »Ideal« der frühislamischen Zeit berief.

Seit den 1930er-Jahren konnte der saudische Staat seine Macht auf dem Fundament dieser symbiotischen Verbindung zunächst mit Hilfe der britischen Kolonialmacht und später mit Hilfe des Öls und der USA immer weiter ausdehnen.

Mit dem historischen Treffen zwischen Staatsgründer Ibn Saud und US-Präsident Franklin D. Roosevelt am 14. Februar 1945 am Suezkanal und der damals besiegelten *strategischen Übereinkunft* zwischen den USA und Saudi-Arabien (»Öl für Schutz und Sicherheit«), war allerdings auch die Saat der inneren Spaltung und Instabilität des Königreichs gelegt. Das Haus Saud wurde fortan hin- und hergerissen zwischen der militanten Philosophie des religiösen Establishments einerseits und Amerika andererseits, das von den Wahhabiten als ewiger Feind betrachtet wurde. Die Herrscherfamilie sah in den USA indes den Garanten der äußeren Sicherheit, der das Überleben der Dynastie in einem feindlichen regionalen Umfeld sicherte.

Seit den Anschlägen vom 11. September 2001 – 15 der 19 Terroristen waren Saudis – hat sich das Dilemma des Königshauses verschärft. Die Prinzen mussten sich mehr und mehr gegen den Vorwurf verteidigen, religiöse Fanatiker in Saudi-Arabien hätten ihren Ölreichtum dazu missbraucht, global agierende Kämpfer für den »Heiligen Krieg« auszubilden.

Der »Dschihad« eines Terroristen wie Osama bin Laden und der Export der wahhabitischen Lehre sind zwei Seiten einer Medaille. Das Bewusstsein vieler Saudis ist geprägt durch die jahrzehntelange Indoktrinierung der wahhabitischen Ideologie. Die Wirkung der Hassprediger, die in den Moscheen alle anderen Bekenntnisse verteufeln, und das Auftreten der *Mutawwa,* der »Religionspolizei«, die das wahhabitische Sittengesetz im Alltag oft mit brutaler Gewalt durchsetzt – all das manifestiert sich durchaus auch im Denken und Handeln von Osama bin Laden. Er ist nichts anderes als ein Produkt der militanten wahhabitischen Ideologie.

Im Kalten Krieg lag den saudischen Prinzen viel daran, dem linksgerichteten arabischen Nationalismus und dem sowjetischen Einfluss in der arabischen Welt entgegenzuwirken. Schließlich galt das saudische Regime in den Augen panarabischer Führer wie Gamal Abdel Nasser als rückständig und reaktionär. Nasser bekämpfte den islamischen Fundamentalismus in Ägypten mit drakonischen Mitteln. 1966 ließ er Said Qutb, einen einflussreichen salafitischen Islamisten, zum Tode verurteilen und hinrichten. Die Propagandawaffe der Saudis war ihre streng antisozialistische wahhabitische Version des Islam. Ihre Vorgehensweise war denkbar einfach. Sie gründeten islamische Wohltätigkeitsvereine und statteten sie mit viel Geld aus, um wirksam Sozial- und Erziehungshilfe leisten zu können. Diese Hilfe schaffte den Zugang zu Muslimen in der ganzen islamischen Welt, aber auch in westlichen Ländern. Und sie diente als Vehikel zur Vermittlung der vermeintlich frommen Botschaft.

Die USA ließen Saudi-Arabien gewähren. Offenbar glaubten die Amerikaner, alles, was der Ausbreitung des Sozialismus schadete, gereiche ihren Interessen zum Vorteil. Erst nachdem Osama bin Laden sich mit al-Qaida zum gefährlichen Gegner entwickelt hatte, wurde ihnen klar, dass auch dessen krude Ideologie feste wahhabitische Wurzeln hat. Die saudische Förderung des religiösen Extremismus haben die Amerikaner über Jahrzehnte hinweg geduldet. Viel zu spät haben sie erkannt, dass ihre ambivalente Haltung gegenüber den Saudis dazu beigetragen hat, ein Gefährdungspotenzial zu schaffen, das ihnen und der ganzen westlichen Welt großen Schaden zufügen kann. Ähnlich wie in Afghanistan, wo die USA den Taliban die Steigbügel gehalten hatten, um dann zu erleben, wie sie al-Qaida in ihrem Land eine Operationsbasis und einen Rückzugsraum zur Verfügung stellten.

Der Export der wahhabitischen Hasslehre hat erheblich zur Radikalisierung des Islam im internationalen Maßstab beigetragen. Amerikanische Experten schätzen, dass in den vergangenen 35 Jahren etwa 85 bis 90 Milliarden US-Dollar aus verschiedenen saudischen Quellen in die arabische, asiatische und westliche Welt geflossen sind, um die wahhabitische Ideologie zu verbreiten. Es ist bekannt, dass einige durch Öl reich gewordene Familien aus den Golfländern Terrorgruppen auf direktem Wege unterstützt haben. Vielleicht tun sie es immer noch, wenn auch auf andere Weise.

Die Wahhabiten finanzieren Vorlesungen in den Madrassen (islamische Hochschulen) in Pakistan, lassen Schulbücher für indonesische Schulkinder drucken, und ihre Schriften finden sich auch in Moscheen in den USA oder in islamischen Kulturzentren in Deutschland und in anderen europäischen Ländern. Sie bereiten auf diese

Weise den Boden für die Radikalisierung junger Muslime auf der ganzen Welt. Sie schüren den Hass auf westliche Werte, auf die »Ungläubigen« und die »Ketzer« so ungehemmt, dass die gewaltbereite Militanz dieser Verführten als logische Folge ihrer Indoktrinierung erscheinen muss.

Die in Saudi-Arabien verwendeten Schulbücher werden in der ganzen Welt verbreitet. Die saudische Regierung versichert, dass sie nun statt der wahhabitischen Hasskultur die Toleranz für Andersgläubige vermitteln. Ob das rundherum zutrifft, darf bezweifelt werden. Saudische Erziehungswissenschaftler widersprechen den offiziellen Angaben und betonen, dass den Schülern immer noch beigebracht werde, dass jeder, der der wahhabitischen Lehre widerspreche, ein Ungläubiger oder Abweichler sei. Wenn er nicht bereue, solle er getötet werden. Diese Haltung richtet sich ungefähr gegen die Hälfte der saudischen Bevölkerung, die aus Schiiten oder anderen muslimischen Glaubensrichtungen besteht. Besonders die Schiiten, die vorwiegend in der ölreichen Ostprovinz des Reiches leben, sind von den Wahhabiten immer als Häretiker verteufelt und unterdrückt worden.

Die »Weltversammlung der Muslimischen Jugend« gehört zu dem weltweiten Netzwerk islamischer Einrichtungen, die vom saudischen König Faisal schon in den 1970er-Jahren gegründet worden sind. Sie bauen Moscheen und Schulen und leisten humanitäre Hilfe für Muslime in Not. Es gibt Beweise, dass einige Zweigstellen der Organisation mit militanten islamistischen Netzwerken kooperiert haben.

Einen Höhepunkt erreichte die Förderung des militanten Islam in den 1980er-Jahren, nach dem Einmarsch sowjetischer Truppen in Afghanistan. Damals unterstützten (finanzierten) die Saudis den »Dschihad« der Mudschahedin-Kämpfer gegen die sowjetische Besatzungsmacht, zusammen mit den USA und Pakistan (und anderen). Amerika lieferte die Waffen und das Know-how für die »islamischen Legionen«. Das Grenzland Pakistan stellte die Trainingslager für die »Glaubenskrieger« zur Verfügung, und Saudi-Arabien zahlte mindestens zwölf Milliarden US-Dollar. Später kamen dann die Taliban in den Genuss dieser Zuwendungen. Denn Amerikaner, Saudis und Pakistanis hielten sie dafür geeignet, ganz Afghanistan an sich zu reißen, um den historisch weit zurückreichenden Einfluss Teherans im Lande einzudämmen.

Ursprünglich setzten sich die Taliban überwiegend aus afghanischen Flüchtlingen zusammen, die in Pakistan jene Islamschulen besucht hatten, die unter dem Einfluss von wahhabitischen Theologen standen. Die Lehrer der Taliban haben in Saudi-Arabien studiert und sind infolgedessen der wahhabitischen Lehre verpflichtet. Das heißt, sie vertreten einen fanatischen Islam besonders kruder Prägung und sind extrem antiwestlich und fremdenfeindlich eingestellt. Das gilt ebenso für die pakistanischen Taliban, deren Vorstellungen sich kaum von denen ihrer afghanischen Brüder unterscheiden. Die Taliban, die inzwischen das landschaftlich so reizvolle Swat-Tal in Pakistan beherrschen, haben im Kampf gegen die Armee im Februar 2009 einen wichtigen Etappensieg erzielt. Die pakistanische Zentralregierung ließ sich um den Preis einer Waffenruhe ihr Justizmonopol aus der Hand nehmen: Sie gestattete den Taliban, das Scharia-Recht ihrer Lesart einzuführen.

Der Afghanistan-Krieg und der triumphale Sieg der

»heiligen Krieger« gegen Moskau lieferte den Humus, auf dem die Terrororganisation von al-Qaida gedieh. Der Geist war aus der Flasche und verbreitete fortan Angst und Schrecken. Der Erfolg der »Dschihadis« hatte eine enorme Auswirkung auf die weitere Entwicklung des militanten Islamismus.

Es dauerte lange, bis die Saudis einräumten, dass der von ihnen betriebene Export des Wahhabismus dem Treiben islamistischer Terrorbanden Vorschub geleistet hat. 2004 verkündete die saudische Regierung in einer gemeinsamen Pressekonferenz mit der US-Regierung in Washington, sie werde fünf Filialen der »Al-Haramain«-Wohlfahrtsorganisation schließen. Später wurden dann zehn dieser Zweigstellen zwischen Holland und Indonesien aufgelöst, weil sie als »Finanziers des Terrorismus« agiert hatten. Die »Al-Haramain« war eine große und angesehene Einrichtung mit engen Bindungen zur saudischen Regierung und dem Herrscherhaus.

Gewiss kann man nicht pauschal sagen, Saudi-Arabien habe den globalen »Dschihad« finanziert. Doch die Verbreitung der militanten Inhalte des Wahhabismus, die mit dem Ölboom der 1970er-Jahre einsetzte, gewann im Laufe der Zeit immer mehr an Eigendynamik und führte letztlich zur Erstarkung der radikalen Islamisten. Es hatte auch zur Folge, dass das Königreich, wie 2003, selbst zur Zielscheibe hausgemachter Terroristen wurde.

Die Suche nach einem Islam für das 21. Jahrhundert

Die Probleme Saudi-Arabiens sind vielfältig, trotz des großen Ölreichtums: schnelles Bevölkerungswachstum, steigende Arbeitslosigkeit, Korruption, Vetternwirtschaft und die Bedrohung durch religiös gefärbten Extremismus. Ganz zu schweigen von den regionalen Rivalitäten, den überkommenen Stammesgegensätzen und der Diskriminierung der religiösen Minderheiten im Land, zu denen die Schiiten, die Ismailiten (eine Untergruppe des schiitischen Islam) und die Sufi-Muslime zählen.

Der »Nationale Dialog« unter Vorsitz von König Abdallah hat zwar die religiösen Minderheiten mit den dominierenden Wahhabiten (Salafiten) am runden Tisch zusammengebracht. Doch die anfängliche Hoffnung, daraus könne sich ein dynamischer Reformprozess entwickeln, um die anderen Glaubensgemeinschaften im Lande aufzuwerten und einzubinden, hat sich bisher nicht erfüllt. Das bestätigt die Skeptiker, besonders unter den Schiiten, die von Beginn an befürchteten, dass die konservativen Kleriker das Könighaus davon abhalten würden, substanzielle Reformen zugunsten der unterprivilegierten Schiiten umzusetzen.

Dabei schaut das Haus Saud sorgenvoll auf die saudischen Schiiten, die sämtlich Anhänger von Groß-Ajatollah Sistani sind, der im benachbarten Irak residiert. Das heißt, sie wenden den Blick über die Grenze, um spirituelle Orientierung zu bekommen. Dorthin also, wo ihre Glaubensbrüder die Bevölkerungsmehrheit bilden und mit neuem Selbstbewusstsein auftreten. Für die Wahhabiten markiert der Aufstieg der Schiiten im Irak eine historische Zäsur. Es irritiert sie zu sehen, wie die »Ketzer« in der Region zu einer bestimmenden Kraft heranwachsen und das Gleichgewicht der Kräfte im Zweistromland zu ihren Gunsten verschieben.

Um einer um sich greifenden »Dschihad«-Konjunktur im eigenen Land entgegenzuwirken, hat die Regierung in Riad ein ehrgeiziges und umfassendes Umerziehungsprogramm für gefangene Terroristen und gewaltbereite Mitläufer unter Beteiligung ihrer Familien ins Leben gerufen. Nach dem Urteil westlicher Fachleute hat das Programm Modellcharakter, und Länder wie Großbritannien möchten davon für ihre eigene Arbeit auf diesem Gebiet profitieren.[78] Die wachsende Anzahl solcher Programme unterstreicht auch die Einsicht, dass der gewalttätige islamistische Extremismus moderner Prägung nicht durch repressive polizeiliche Mittel allein zu besiegen ist.

Um zu verhindern, dass sich extremistische Ideologien, besonders in Schulen und Moscheen, weiter ausbreiten und junge Männer, die sich selbst *Missionare des Islam* nennen, ihr Unwesen treiben, hat der König entschieden, dass die 40 000 Prediger (Imame) im Lande eine besondere Unterweisung erhalten. Statt Hass gegenüber Nichtmuslimen sollen sie fortan Toleranz und Mäßigung als religiöse Tugenden predigen. Das »Toleranztraining« der Imame zeigt, dass die Vorwürfe gegen saudische Kleriker, sie ermutigten die saudische Jugend, sich dem globalen »Heiligen Krieg« anzuschließen, keineswegs aus der Luft gegriffen sind. Immerhin sind fast 1000 Prediger in den letzten Jahren von ihren Posten entfernt worden.

Saudische Kritiker bezweifeln allerdings, dass solche Initiativen eine tief greifende Wirkung haben können, solange das ultrakonservative religiöse Establishment so mächtig ist und einen derart enormen Einfluss auf die Gesellschaft ausübt. Solange die Reformtheologen im saudischen Religionsbetrieb nichts zu sagen haben und die erzreaktionären Wahhabiten den Gang der Dinge bestimmen, kann das saudische Königreich kein Vorbild für einen gemäßigten und toleranten Islam sein. Ein gelebtes Beispiel für einen aufgeschlossenen, modernen Islam aber brauchen die Muslime in der arabischen Welt, wenn sie in eine bessere Zukunft gehen wollen. Es ist nicht ermutigend, dass Saudi-Arabien als Führungsmacht der sunnitischen Muslime einen rückwärtsgewandten Islam vertritt, der in seiner vormodernen Ausprägung nicht geeignet ist, die Probleme der Muslime im 21. Jahrhundert lösen zu helfen. Auch der schiitische Iran hat vorerst kein Modell für den *modernen Islam* anzubieten. Angesichts der Bedeutung des Landes und seiner Ausstrahlung in die Region bietet das zusätzlich Anlass zur Sorge.

Die islamische Falle

Der Westen sitzt in der islamischen Falle. Von Palästina über den Persischen Golf bis zum Hindukusch sind Amerika und Europa von einem riesigen Netz umfangen, das sie selbst mitgeknüpft haben. Sie können sich daraus nur befreien, wenn sie eine konstruktive Politik verfolgen, die nicht ausschließlich amerikanische oder europäische Interessen berücksichtigt, sondern auch die legitimen Rechte und Anliegen der Staaten und Völker in dieser Region anerkennt.

Die Politik der Bush-Ära hat gezeigt, dass arabische und islamische Länder nicht in eine Demokratie westlicher Prägung hineingebombt werden können. Es wird ohne das bereitwillige Zutun der betroffenen Menschen auch nicht gelingen, tief verwurzelte kulturelle und soziale Traditionen einfach als überholt beiseitezuwischen. Reformen lassen sich nicht in imperialistischer Manier erzwingen. Sie sollten angeregt werden, allerdings ohne erhobenen Zeigefinger. Demokratie zu predigen, doch reguläre Wahlergebnisse schlichtweg zu missachten, wenn die »falsche Seite« gewinnt – wie die Hamas in Palästina –, diskreditiert das westliche Reform-Mantra. Amerika hätte besser daran getan, die Gründe für das Erstarken islamistischer Kräfte in Palästina zu erforschen, anstatt an den Symptomen einer unwillkommenen Realität herumzudoktern.

Reformen in patriarchalisch geführten Stammesgesellschaften, in denen die soziale Ordnung fest gefügt ist, beginnen erst dann zu greifen, wenn sich die ökonomischen Bedingungen von unten nach oben verbessern und gute Bildungsmöglichkeiten geschaffen werden. Bildung und finanzielles Auskommen bewirken emanzipatorisches Denken, fördern Wissensdurst und wecken die Neugier auf die sonst bedrohlich wirkende individuelle Freiheit in einer durch das Kollektiv bestimmten sozialen Struktur. Damit ist noch lange keine liberale politische Ordnung oder eine freie Gesellschaft garantiert. Das ist der erste Schritt auf einem langen Weg, der unter Umständen auch zu einem System der »gelenkten Demokratie« mit begrenzten Freiheitsrechten für die Bürger führt. Jede Kultur muss ihre eigene »Freiheit« definieren können.

Der *Kampf gegen den Terror* ist nicht zu gewinnen, wenn bei der Jagd auf Terroristen massenweise wehrlose Frauen, Kinder und alte Leute getötet werden. Er kann auch nicht erfolgreich geführt werden, wenn die soziopolitischen und kulturellen Wurzeln außer Acht bleiben und der Kampf nur mit repressiven Mitteln geführt wird. Die notwendige Auseinandersetzung mit dem »Dschihad« und der dem »Heiligen Krieg« zugrunde liegenden Ideologie samt ihrer Wurzeln darf nicht dazu führen, den zivilen politischen Islam aus dem Blick zu nehmen. Die »Dschihadisten« sind nur eine kleine Gruppe, die sich der Gewalt als politisches Kampfmittel verschrieben hat und dabei objektiv den Grundsätzen des Islam zuwiderhandelt. Die »islamistischen Bewegungen« hingegen haben oft eine große Gefolgschaft, die aus allen gesellschaftlichen Schichten stammt. Diese Gruppen und Parteien geben kein einheitliches Bild ab.

Das Spektrum reicht von den Muslimbrüdern in Ägypten und Jordanien bis zur »Partei für Gerechtigkeit und Entwicklung« in Marokko.

Der politische Islam in seiner gemäßigten Form lehnt Gewalt als Mittel der politischen Auseinandersetzung ab. Die gemäßigten Islamisten sehen sich nicht als Revolutionäre. Aber sie streben einen »islamischen« Wandel in Regierung und Gesellschaft an. Sie wollen eine dem Islam verpflichtete Gesellschaft, die nach islamischen Grundsätzen regiert wird. Dieses Ziel soll von der »Basis« aus erreicht werden. Sie sind darauf aus, die Bürger dazu zu bewegen, sich ihren islamistischen Ideen zuzuwenden und dann von der Regierung eine »islamistische Politik« zu verlangen.

Inwieweit die gemäßigten Islamisten demokratischen Prinzipien verpflichtet sind, lässt sich nur schwer beurteilen, solange sie nicht an der Macht sind. Unklar bleibt auch, ob etwa die ägyptischen Muslimbrüder in einer von ihnen geführten »islamischen« Regierung eine strikte Interpretation des islamischen Rechts (Scharia) oder eine mit der modernen Lebenswirklichkeit zu vereinbarende Auslegung vornehmen würden. Wie der politische Islam sich in der Praxis entfaltet, kann nur die Probe aufs Exempel zeigen. Da die gemäßigten Islamisten jedoch überall in der arabisch-islamischen Welt, auch im bürgerlichen Milieu, großen Zulauf haben, sind sie eine ernst zu nehmende politische Kraft. Die moderaten Islamisten stellen unter den gegebenen Umständen wohl die einzige Alternative zu den herrschenden arabischen Regimes und auch zu militanten Extremisten dar. Der Westen täte gut daran, sich mehr auf sie einzulassen und sie nicht a priori mit einem negativen Etikett zu versehen. Es spricht viel dafür, dass der »religiöse Faktor« bestimmend sein wird, wenn die Araber im Nahen Osten demokratische Gehversuche machen.

In Afghanistan hat sich gezeigt, was es heißt, wenn die islamische Falle zuschnappt. Amerika hat die Probleme, mit denen der Westen am Hindukusch zu kämpfen hat, selbst geschaffen: durch die Förderung und den Einsatz der Mudschaheddin im »Heiligen Krieg« gegen die sowjetische Besatzungsmacht Afghanistans legten die Amerikaner das Fundament für den Aufbau von al-Qaida. Und die Taliban sind eine Schöpfung Saudi-Arabiens und Pakistans, die diese »Koranschüler« in Afghanistan mit Zustimmung der USA als fünfte Kolonne gegen den Iran eingesetzt haben. Mit der Entsendung weiterer Truppen allein wird der Krieg dort nicht zu gewinnen sein. Es bedarf auch einer Stärkung des afghanischen Staates und der einheimischen Wirtschaft.

Eine Schlüsselrolle in diesem unübersichtlichen Konflikt spielt indes der Nachbarstaat Pakistan. Al-Qaida hat nach seiner Vertreibung aus den afghanischen Bergen (2001) einen neuen Standort in den pakistanischen Stammesgebieten gefunden. Dort wird die Terrororganisation von einer neuen Gruppe, der »Taliban-Bewegung von Pakistan«, verteidigt. Der pakistanische Geheimdienst wird von afghanischen Offizieren offen beschuldigt, die Taliban und den Terrorismus gegen Afghanistan zu unterstützen.

Die militärische Elite in Pakistan pflegt eine »Festungsmentalität« und lässt sich von der Vorstellung leiten, das Land sei umgeben von feindlichen Mächten, die seinen Zerfall betrieben. Afghanistan betrachten die pakistanischen Generäle als Teil des Raumes, den sie ohne Weiteres ihrer »Sicherheitskontrolle« zurechnen. Dieselben Männer glauben, Pakistan stehe einer

Dreier-Allianz aus den USA, Indien und Afghanistan gegenüber. Außerdem gebe es noch eine iranisch-russische Allianz. Und beide Bündnisse wollten Pakistans Einfluss in Afghanistan untergraben und zielten darauf ab, den pakistanischen Staat zu desintegrieren. Einige der Militärs betrachten bewaffnete Freischärler innerhalb von Pakistan als Bedrohung. Doch sie stufen diese Gefahr als beherrschbar ein und halten sie darüber hinaus für nachrangig angesichts der Bedrohung durch ihre mit Atomwaffen ausgestatteten Feinde.[79] Daraus folgt, dass die pakistanischen Entscheidungsträger den Aufstand gegen die Regierung in Kabul und die westlichen Truppen so lange am Leben erhalten, wie sie es für notwendig befinden, um der »Bedrohung« ihres Erzfeindes Indien zu begegnen.

Die Aufständischen operieren von den pakistanischen Stammesgebieten aus, die sie auch als Rückzugsraum nutzen. Mit anderen Worten, Stabilität in Afghanistan wird erst dann herzustellen sein, wenn Pakistan von seinen Sicherheitsängsten befreit wird. Dasselbe gilt für den Westen. Er kann sich erst dann sicherer fühlen, wenn die Terroristen von al-Qaida nicht mehr in den pakistanischen Stammesgebieten Zuflucht finden und von dort aus ihr globales Unwesen treiben.

Wenn Frieden am Hindukusch einkehren soll, müssen die lokalen Stammesinteressen durch Kabul berücksichtigt werden. Das ist unumgänglich, da die Zentralgewalt in Afghanistan sich schon seit Urzeiten mit den selbstbewussten Stammesführern arrangieren musste, wenn sie im Sattel bleiben wollte. Doch entscheidend wird sein, dass der Westen unter Führung Amerikas eine internationale Sicherheitsinitiative entwickelt, um eine nachhaltige Regelung zu ermöglichen, die die Interessen

Afghanistans, Pakistans und Indiens miteinbezieht und gleichfalls die Belange des Iran und Russlands berücksichtigt.

Mit militärischen Mitteln kann der Westen der islamischen Falle nicht entkommen. Den islamistischen Terror erfolgreich zu bekämpfen heißt, eine nüchterne Realpolitik zu betreiben – und das Zeitalter der neoimperialen Politik endgültig zu verabschieden.

Anmerkungen

1 Klaus Tolksdorf, Präsident des Bundesgerichtshofs (BGH), im Verfahren gegen den mutmaßlichen Terrorhelfer Mounir al Motassadeq, in dem Tolksdorf betonte, dass der Kampf gegen den Terror im rechtsstaatlichen Rahmen bleiben müsse.

2 Verfasser der Unabhängigkeitserklärung und 3. Präsident der Vereinigten Staaten von Amerika

3 Helmut Mejcher und Alexander Schölch (Hg.), »Die Palästinafrage 1917–1948. Historische Ursprünge und internationale Dimensionen eines Nationenkonflikts«, Paderborn 1981 (Mejcher/Schölch), S. 39

4 Moshe Zimmermann (Historiker, Hebräische Universität Jerusalem), in: *Süddeutsche Zeitung,* 14.10.2000

5 Vgl. UNDP-Report »Arab Human Development«, New York 2002. Das UNO-Entwicklungsprogramm UNDP veröffentlichte zwischen 2002 und 2006 vier Studien über die gesellschaftliche Entwicklung in der arabischen Welt. Der erste Bericht von 2002 benannte drei entwicklungshemmende Defizite: »Wissen/Bildung«; »Demokratie« und »Frauenrechte«. Die drei folgenden Papiere untersuchten jeweils einen der drei Bereiche. Da die Studien von arabischen Intellektuellen verfasst wurden, lösten sie in den arabischen Ländern heftige und kontroverse Diskussionen aus.

6 Nationalistisch-sozialistische Ideologie der säkularen Baath Partei, gegründet 1947, Staatspartei in Syrien und (bis zum Sturz Saddam Husseins) im Irak

7 Richard A. Clarke (US-Sicherheitsberater a.D.), »Bill Clinton hat jede Nacht einen Thriller verschlungen«, in: *Die Welt,* 30.11.2005

8 »The New Middle East«, Carnegie Endowment for International Peace, Washington, D.C., 2008

9 Richard A. Clarke, »Gegen die Krieger des Dschihad«, Hamburg 2005, S. 11

10 Im 7. Jahrhundert n. Chr. spaltete sich die muslimische Gemeinschaft (Umma) in *Sunniten* und *Schiiten.* Nach dem Tod des Propheten Mohammed (632) kam es zu einem blutigen Streit um die Macht. Da man sich bei seiner Nachfolge nicht mehr auf einen gemeinsamen Weg einigen konnte, entstanden zwei große Gruppen. Die eine bildeten die Sunniten. Sie folgten dem vom Propheten vorgezeichneten Weg, der *Sunna.* Die andere, zahlenmäßig viel kleinere waren die Schiiten. Ihr Name ist vom arabischen Wort für Partei, *Shia,* herzuleiten. Während die Sunniten den Führungsanspruch jedem zubilligen wollten, der ein guter Muslim aus dem Stamm der Quraisch (dem einflussreichsten Stamm in Mekka, dem auch Mohammed angehört hatte) und von einer Mehrheit gewählt worden war, hatten die Schiiten viel engere Vorstellungen. Das Oberhaupt der Muslime konnte für sie nur ein Blutsverwandter des Propheten sein. Da er aber keine überlebenden Söhne hatte, setzten sie ihre Hoffnung auf Ali, den Cousin und Schwiegersohn von Mohammed. Doch Ali konnte sich in dem teilweise blutig ausgetragenen

Machtkampf mit seinen Rivalen nicht halten und wurde 661 n. Chr. ermordet. In den folgenden Jahrhunderten bildeten sich bei den Sunniten und Schiiten noch weitere Untergruppen. Von den heute ungefähr 1,3 Milliarden Muslimen sind nur etwa 150 Millionen Schiiten. Ein großer Teil davon sind Iraner. Im Iran ist der schiitische Islam seit dem Jahr 1501 Staatsreligion.

11 So Rageh Khoury in: *Asharq al-Awsat,* London, 25.11.2008

12 Roger Hardy, unter Bezug auf einen Bericht im *Christian Science Monitor,* in: *BBC News,* 15.05.2008

13 Paul Salem, »Evolution of a Broken Regional Order«, in: *The New Middle East,* Carnegie Endowment for International Peace, Washington, D.C., 2008

14 Hassan Khader, »Die Kriegsstrategien im Nahost-Konflikt – Israel und Hamas spielen einander in die Hände«, in: *Tages-Anzeiger,* 22.1.2009

15 ebenda

16 »Why Kuwait Summit Is Vital«, in: *Arab News,* 20.1.2009

17 *The New Middle East,* Carnegie Endowment for International Peace, Washington, D.C., 2008, S.31

18 ebenda

19 Aaron David Miller, »The Much too Promised Land«, in: *Newsweek,* 12.1.2009

20 ebenda

21 Amerikanisch-israelisch-palästinensische Gipfelkonferenz im Sommer 2000 in Camp David, USA, mit Bill Clinton, Ehud Barak und Jassir Arafat. Barak hatte dort Arafat ultimativ aufgefordert, einen palästinensischen Staat zu akzeptieren, der aus drei separaten Kantonen im Westjordanland und im Gazastreifen bestanden hätte. Mit seiner Unterschrift sollte Arafat auch das historische Ende des Konflikts besiegeln und auf alle Ansprüche seines Volkes verzichten.

22 Aaron David Miller, a.a.O.

23 Uri Blau, »Secret Israeli Database Reveals Full Extent of Illegal Settlements«, www.haaretz.com, 1. 2. 2009; »Longstanding Settlement Built on Stolen Land«, Verlautbarung der israelischen Menschenrechtsorganisation Yesh Din, 30.1.2009

24 Uri Blau, a.a.O.

25 Yesh Din, a.a.O.

26 Uri Blau, a.a.O.

27 Zitiert nach: Noam Chomsky, »The Solution Is the Problem«, in: *Guardian,* 11.5.2002

28 Dan Diner, »Dialektik der Nichtanerkennung: Warum der jetzige Waffengang den Konflikt zwischen Israelis und Palästinensern nicht lösen wird«, In: *Neue Zürcher Zeitung,* 8.1.2009

29 Angaben der israelischen Menschenrechtsorganisation B'tselem, Mai 2002

30 »Israel's Three Alternatives for the Future of the Gaza War«, www.haaretz.com, 8.1.2009

31 »Using Aggressive Tactics in Gaza to Save Soldiers Lives«, www.haaretz.com, 7.1.2009

32 ebenda

33 *Frankfurter Allgemeine Zeitung,* 11.5.2002

34 ebenda

35 Bilal Y. Saab (Brookings Institution, Washington), »Beyond Gaza«, *The World Today,* http://www.chathamhouse.org.uk/publications/twt/, February 2009

36 Gamal A.G. Soltan (Al-Ahram Center for Political and Strategic Studies, Cairo), »The Regional Dimension of Palestinian Disunity«, www.bitterlemons-international.org, 21.8.2008

37 Prof. Asher Susser (Moshe Dayan Center for Middle Eastern Studies, Tel Aviv

University), »Time for New Israeli Thinking«, in: www.bitterlemons-international.org, 5.2.2009

38 Efraim Halevy (früherer Chef des israelischen Geheimdienstes Mossad und heute Leiter des Zentrums für Strategische Studien an der Hebräischen Universität von Jerusalem), »Bring Hamas into the Political Process«, in: www.hagalil.com/archiv/2009/ 02/14/hamas-5/print/

39 »America and Israel: Will the Relationship Change? Yes, it can«, in: *Economist*, 12.2.2009

40 ebenda

41 ebenda

42 ebenda

43 Im ersten Golfkrieg 1991 vertrieb eine internationale Koalition unter Führung der USA die Armeen Saddams aus Kuwait, das der Diktator als 19. Provinz des Irak annektieren wollte.

44 Die Arbeiterpartei Kurdistans (PKK) ist eine militante, straff organisierte Widerstandsbewegung, die mit Guerillataktik und Terroranschlägen für ein »freies Kurdistan« kämpft. Ihr Führer Abdullah Öcalan ist wegen Hochverrats von einem türkischen Gericht zu lebenslanger Haft verurteilt worden.

45 »Iranian Views on the Revolution«, *BBC News Middle East*, 10.2.2009

46 »Women's Rights under Iran's Revolution«, *BBC News Middle* East, 12.2.2009

47 Azadeh Moaveni, NPR-Chat Iran, in: *National Public Radio*, USA, 13.2.2009

48 ebenda

49 Roger Cohen, »The Other Iran«, in: *New York Times*, 2.2.2009

50 Israel hat bisher offiziell nicht zugegeben, dass es eine Atommacht ist. Nach westlichen Geheimdienstangaben ist der jüdische Staat jedoch im Besitz von 150 bis 200 Atomsprengköpfen und entsprechenden Trägerwaffen.

51 Marcel Pott, »Allahs falsche Propheten«, Bergisch Gladbach ^{3}2001, S. 213

52 Da die »Herrschaft des Gottesgelehrten« nach der Staatstheorie von Khomeini nur von einem »Marja«, einem Geistlichen der höchsten Stufe, ausgeübt werden darf, musste die islamische Verfassung geändert werden, um den eigentlich unqualifizierten Khamenei in das höchste geistliche Amt hieven zu können. Das geschah auf Befehl Khomeinis und ist eine Entscheidung, die noch weitreichende Folgen haben kann. Denn aus der »Herrschaft des Gottesgelehrten« ist jetzt de facto die Diktatur des »Rahba« geworden. Er stellt keine »Quelle der Nachahmung« dar und besitzt infolgedessen auch nicht die absolute, von Gott entliehene Autorität. So lautet der Umkehrschluss aus Khomeinis eigener Theorie über den Gottesstaat. Möglicherweise hat der Staatsgründer mit seinem Vermächtnis ungewollt den ersten Schritt getan, um die »Verweltlichung« seiner eigenen Schöpfung einzuleiten. – Vgl. Marcel Pott, »Allahs falsche Propheten«, a.a.O., S. 216

53 ebenda

54 Akbar Ganji, »The Latter Day Sultan «, in: Newsweek, November/Dezember 2008

55 Akbar Ganji, a.a.O.

56 Im Iran lebt mit ca. 30000 Juden die größte jüdische Gemeinschaft im Nahen Osten außerhalb Israels.

57 Sharam Chubin, »Iran's Power in Context«, in: *Survival* 51/1, Februar/März 2009, S. 165–190, hier: S. 176

58 Akbar Ganji, a.a.O.

59 ebenda

60 Sharam Chubin, a.a.O., S. 166

61 Karim Sadjapour, »Reading Khamenei: The World View of Iran's Most Powerful Leader«, Carnegie Endowment for International Peace, Washington, D.C., 2008, S.14
62 Ajatollah Ali Khamenei in: *Iran TV News Channel,* 8.5.2008
63 Ajatollah Ali Khamenei in: *Iran TV News Channel,* 3.6.2008
64 »Iranischer Führer: Wir werden nicht für Atomkraft betteln«, *Business Week,* Juni 2007
65 Hashemi Rafsandschani in: *Al-Jazeera,* 28.6.2008
66 Rede vor Studenten in Yazd, 3.1.2008
67 Karim Sadjapour, a.a.O., S.14
68 Akbar Ganji, a.a.O., S.8
69 Akbar Ganji, a.a.O.
70 *Fars News Agency,* 10.2.2009, www.farsnews.com
71 Ali Reza Eshraghi, *New York Times,* 23.2.2009
72 Zitiert nach John Hugues, »A Russian Answer to Iran's Threat«, in: *The Christian Science Monitor,* 19.2.2009
73 ebenda
74 »Syria urges better ties with US«, in: *BBC News Middle East,* 18.2.2009
75 1995/96: Direkte israelisch-syrische Friedensgespräche unter Vermittlung von US-Präsident Bill Clinton in Wye River, Maryland, USA; 1999–2001: Wiederaufnahme direkter Friedensverhandlungen zwischen Israel und Syrien ebenfalls unter der Schirmherrschaft von Präsident Bill Clinton in Shepherdstown, West Virginia, USA
76 Paul Salem, »Syrian-Israeli Peace: A Possible Key to Regional Change«, Carnegie Endowment For International Peace, Washington, D.C., Dezember 2008
77 »Kommission für die Förderung der Tugend und die Vorbeugung des Lasters«
78 Christopher Boucek, »Counter-Terrorism from within. Assessing Saudi Arabia's Religious Rehabilitation and Disengagement Programme«, *RUSI,* 153/6, Dezember 2008, S.60–65
79 Barnett R. Rubin und Ahmed Rashid, »From Great Game to Great Bargain – Ending Chaos in Afghanistan and Pakistan«, in: *Foreign Affairs,* November/Dezember 2008